KB067093

영화 도시 인천과
극장의 역사

-보는 것을 사랑한다, 애관극장

영화 도시 인천과 극장의 역사
–보는 것을 사랑한다, 애관극장

2024년 4월 18일 처음 찍음

지은이 | 윤기형
기 획 | 애관극장을 사랑하는 시민모임(애사모)
펴낸이 | 김영호
펴낸곳 | 도서출판 동연
등 록 | 제1-1383호(1992년 6월 12일)
주 소 | 서울시 마포구 월드컵로 163-3
전 화 | (02) 335-2630
팩 스 | (02) 335-2640
이메일 | yh4321@gmail.com
SNS | https://www.instagram.com/dongyeon_press

ISBN 978-89-6447-990-2   03680

보 는 것 을 사 랑 한 다 , 애 관 극 장

영화 도시 인천과
극장의 역사

윤기형 지음 ㅣ 애관극장을 사랑하는 시민모임(애사모) 기획

동연

연기자

이 책 추천사를 쓰기 위해 보내준 편집본을 열어보니 감회가 새로웠습니다. 책의 장면마다 나의 어린 시절 인천에서의 추억이 되살아났고, 특히 작고하신 아버지(최철 감독)와 어머니에 관한 이야기들도 있었기 때문입니다. 이 책은 기억, 추억 그리고 역사가 고스란히 들어 있는 책입니다.

언제부터인가 멀티플렉스 영화관이 들어서면서 많은 단관극장이 사라졌습니다. 여기에 129년의 역사를 이어온 애관극장마저 매각된다면 우리의 역사와 가치를 영영 기억할 수 없을 것입니다. 애관극장은 인천의 문화적 자부심이자 원천 그리고 근대 문화사의 자존심입니다. 이러한 사실을 지역사회에 알려준 이가 바로 윤기형 감독입니다. 영화 〈보는 것을 사랑한다〉의 개봉을 통하여, 더 이상 개인이 애관극장을 유지하기 어렵다는 이야기를 지역사회에 알려준 것입니다.

애관극장의 역사가 어떻게든 이어져야 한다는 간절한 마음으로 책을 내준 윤기형 감독에게 감사드리며, 책의 출간을 도와주신 도서출판 동연 김영호 대표님께도 깊은 감사의 말씀을 드립니다.

지
상
렬

예능인

저는 어릴 때부터 성인이 될 때까지 인천의 곳곳을 누비고 다녔고, 특히 영화관은 정말 많이 다녔습니다. 그중에도 애관극장은 제가 자주 찾던 곳으로 그 역사나 규모로 봐서도 인천의 자부심과도 같은 곳이었습니다.

인천이란 도시는 독특한 매력과 수많은 이야기를 품고 있지만, 그중에서도 극장에 관한 한 특별한 역사를 지니고 있습니다. 이 책을 보면서 알게 되었지만, 인천 애관극장은 129년의 긴 세월을 영화와 함께해 온 한국 영화와 극장의 살아 있는 역사라 할 수 있지요. 이 책은 애관극장뿐만 아니라 영화를 사랑하는 사람들의 기록을 담은 책입니다.

이 책을 통해 소중한 역사의 한 부분을 다시금 기억하고 애관극장이라는 보석 같은 장소가 지닌 의미와 중요성을 생각해 볼 수 있었으면 좋겠습니다. 그리고 그 안에서 살아 숨 쉬는 영화의 매력과 인천이라는 도시가 품은 문화적 정체성에 대해서도 되새길 수 있기를 바랍니다.

인천의 역사 그리고 애관극장에 관심과 애정을 쏟아주신 독자들과 더불어 이 책을 세상에 내놓을 수 있도록 힘써주신 도서출판 동연의 김영호 대표님께 깊은 감사의 말씀을 전합니다.

이희환(인천대 인천학연구원 학술연구교수,
애관극장을 사랑하는 시민모임 대표)

윤기형 감독님을 처음 만난 것이 아마도 2010년경이었던 것으로 기억합니다. 2006년도에 인천 지역에서 전개된 연극사의 흐름을 거칠게 정리한 논문을 발표한 적이 있는데, 그 논문을 보시고 찾아온 것이었습니다. 배다리에서 처음 만난 윤 감독님과의 대화 내용이 다 기억나지는 않지만, 애관극장의 전신이었던 협률사와 관련된 자료 이야기를 나눈 기억은 생생하게 남아 있습니다. 그 후로 한참 동안 잊고 지내던 2021년, 윤기형 감독님의 다큐멘터리 영화 〈보는 것을 사랑한다〉가 개봉했습니다. 십여 년을 준비해 탄생한 영화 〈보는 것을 사랑한다〉는 저에게 감동이었습니다. 수많은 인천인들을 만나 애관의 역사와 가치, 애관에 얽힌 기억들을 복원해 낸 영화는 그야말로 우리 세대가 인천이라는 도시에 바칠 수 있는 뜨거운 헌사였습니다. 영화의 도입부에 나오는 감독님 선친과의 인터뷰는 특히 인상 깊었습니다. 우리 세대를 키워준 생활과 문화의 역사를 찾아 나선 윤 감독님은 그렇게 홀로 애관을 중심으로 인천 극장의 역사를 그려냈던 것이지요.

영화에 등장하는 많은 문화예술인과 시민들의 증언대로 애관은 인천의 문화적 자부심의 원천이자 인천 근대문화사의 자존심을 상징하는 극장입니다. 그런데 이 극장이 매각될지도 모른다는 사실을 처음 지역사회에 알려준 것도 윤기형 감독님이었습니다. 영화〈보는 것을 사랑한다〉를 촬영하던 중, 대자본이 세운 멀티플렉스 시장 속에서 코로나 팬데믹을 맞으면서 더 이상 개인이 애관극장을 더 이상 유지하기 어렵다는 소식을 알게 되어 이를 지역사회에 알려준 것입니다. 2000년대 들어 대자본이 투자하는 멀티플렉스 영화관이 전국의 도시 곳곳에 들어서면서 그 많던 단관극장들이 모두 사라졌습니다. 옆 건물을 사들여 멀티플렉스 형태를 갖추는 방식으로 경쟁력을 유지하며 120년 넘는 역사를 이어온 애관극장이 자칫 민간 기업에 매각된다면, 애관의 역사는 사라지고 마는 것이었지요. '그렇게 윤 감독님이 전해준 안타까운 소식을 듣고 온라인을 통해 모인 시민들이 애관극장을 사랑하는 시민모임'(애사모)으로 활동하기 시작했습니다.

윤기형 감독님의 영화에 힘을 얻은 애사모 회원들은 인천의 문화적 자존심을 상징하는 덩치 큰 애관극장의 역사를 이어줄 곳은 공공기관밖에 없다고 생각했습니다. 그리하여 지난 4년간 줄기차게 인천시의 공공 매입 및 문화적 활용 방안을 제안해 왔습니다. 한때는 인천시와 애관극장 측이 공동으로 감정평가에 착수하여 인수 가격 합의에 이르기도 했습니다. 그러나 인천시 담당 국장이 바뀌면서 애관극장 공공 매입 추진은 온갖 핑계 속에 결국 진행되지 못하게 되었습니다. 현재 애관극장은 언제 민간에 매각되어 사라질지도 모르는 마지막 시절을 보내고 있습니다.

윤기형 감독님이 다시 어렵게 펴내는 이 책은 사실 인천의 인문학 연구자들이 진즉 써냈어야 할 책입니다. 부산을 비롯하여 마산, 전북, 영남 극장사가 이미 출간되었는데, 인문학 연구자들의 나태 속에서 윤기형 감독님이 연구자 못지않은 열정으로 원고와 사진들을 다듬어 애관극장의 역사적 가치와 더불어 삶은 고단했으되 영화로 풍요로웠던 문화 도시 인천의 사라진 역사를 복원해 낸 것입니다. 애관극장의 역사가 어떻게든 이어져야 한다는 간절함으로 윤 감독님께 책을 내시도록 권유했지만, 영화 제작을 위해 취재한 것을 책으로 낸다는 것은 또 다른 고통스러운 창작의 과정이었을 것입니다. 윤기형 감독님께 거듭 감사의 말씀 드리고, 책을 쾌히 출간해 주신 도서출판 동연 김영호 대표님께도 무한한 감사의 말씀을 드립니다.

부디 이 책의 출간을 계기로, 애관극장의 면면한 역사와 문화적 가치를 전국의 문화 시민들이 함께 느끼고, 이 극장의 역사가 이어질 수 있도록 관심과 마음을 보태주시기 바랍니다.

영
화
도
시
인
천
과

애
관
에
보
내
는
나
의
연
서

어릴 적 송현동에 살 때 가장 많이 간 극장은 현대극장이었다. 집에서 가까웠고 관
람료가 저렴했기 때문이다. 두 편을 동시에 볼 수 있다는 것도 매력적이었다. 중학생
이 되어서야 007 영화 단체관람으로 애관극장을 처음 가봤는데, 동인천에 이렇게
좋은 시설의 극장이 있다는 사실을 알고 감탄했다. 인천의 대표극장답게 대작과 화
제작은 애관에서 상영되었고 늘 관객들이 넘쳐나서 앉아서 보는 관객보다 서서 보
는 관객이 더 많던 시절이었다.

지금으로부터 10년 전, 애관극장이 1895년에 조선인이 설립한 최초의 극장이며 현
존하는 가장 오래된 극장이라는 사실을 신문 기사를 통해 알게 되었다. 나로서는
놀라운 사실이었고, 주위에 알아보니 다른 사람들도 전혀 모르고 있었다. 검색을 해
보니 몇몇 기사와 블로그에 애관극장 관련 글을 몇 편 찾아볼 수 있었다. 그러나 다
큐멘터리와 같은 영상은 보이지 않았다. 이렇게 역사적인 극장인데 왜 영상 하나 없
을까 하는 궁금증과 함께, 무엇보다 130년 가깝게 현존하고 있는 애관극장이 신기
하기도 하고 자랑스러웠다. 애관극장을 통해 우리나라 근현대사를 이야기할 수 있
을 것 같았다.

그렇게 애관극장 다큐멘터리 제작을 시작하게 되었다. 인천의 역사와 극장을 공부

하고 카메라를 들고 인천 곳곳을 돌아다니며 느낀 점은 인천에서 태어나 자랐지만 정작 인천을 모른다는 것이었다.

한 분을 만나 인터뷰하면 그분이 누구는 만나봤냐며 다른 분을 소개해 주었다. 그런 인연이 이어져 백 명 넘게 인터뷰할 수 있었는데 배우 전무송 선생님이 중학교를 졸업 후 잠깐이지만 애관극장 간판부에서 일하셨다는 것 그리고 가수 한명숙 선생님의 데뷔 무대가 애관이라는 이야기도 무척 놀라웠다. 그리고 서울, 부산, 광주, 대구, 군산, 목포 등 다른 도시의 옛 극장을 찾아다녔다. 광주의 광주극장을 빼고 다른 도시들은 그들의 역사적인 극장을 지키지 못했다.

애관극장은 인천 시민 개인에게는 추억이고, 인천이라는 도시의 평생 친구이며, 우리나라에는 하나의 역사이다. 이 책은 인천시 인터넷신문 i-view에 2021년 1년 동안 연재했던 칼럼을 수정, 보완한 것으로 인천과 애관극장에 대한 연서이기도 하다. 무엇보다 애관극장 보전에 이 책이 작은 도움이 된다면 더는 바랄 게 없겠다.

2024. 4
윤기형

애관극장의 한자는 원래 愛館(사랑하는 집)인데 愛觀(보는 것을 사랑한다)으로 잘못 알고들 계신다. 심지어 언론사에서도 그렇게 소개할 정도였다. 그러나 결국 '보는 것을 사랑하는 집'이라는 뜻이니 그리 틀린 말도 아니라는 생각에 그대로 사용하기로 했다.

이 책이 나오기까지 도움을 주신 분들께 감사드립니다.

강덕우, 강옥엽, 강석환, 강성원, 곽현숙, 권칠인, 김기봉, 김남석, 김보섭, 김성운, 김성환, 김식만, 김양수, 김영호, 김윤식, 김정욱, 김종원, 김창복, 김형수, 내동일번지, 도다 이쿠코, 류창현, 민운기, 박정자, 박차영, 백정연, 봉준호, 사준서, 손동혁, 손복만, 신용석, 애관극장을 사랑하는 시민모임(애사모), 양재형, 양진채, 오광철, 유동현, 유명자, 유창호, 윤동길, 윤인섭, 이원규, 이용철, 이재승, 이재준, 이종복, 이현식, 이희환, 인천영상위원회, 임동윤, 임순례, 장동홍, 장정일, 전노민, 전무송, 정만선, 정의배, 조호정, 조우성, 조이식, 조점용, 조한덕, 지상렬, 주희풍, 최경출, 최명선, 최불암, 최정숙, 최현준, 탁경란, 편인철, 한명숙, 한상언, 홍정식 그리고 애관극장(대표 탁경란)

차례

1

한국의 극장, 인천의 극장

개항 전 조선에 실내 극장은 없었다. 줄타기, 판소리, 남사당패 등 마당놀이 형태로 군중이 모인 저잣거리가 곧 무대였다. 반면 일본은 실내 극장이 발달했다. 그곳에서 분라쿠, 노, 가부키와 같은 연희가 이루어졌다. 개항과 함께 조선에 일본인들을 위한 극장이 처음 들어섰고 부와 권력을 가진 일부 조선인만이 조선인 극장을 세울 수 있었다.

─────── 부산의 부산극장

조선 최초의 개항은 1876년 부산이다. 이후 1880년과 1883년, 원산과 인천이 차례로 개항되면서 쇄국의 시대가 끝나고 나라의 문이 열렸다. 부산의 용두산 주변에 일본 전관거류지가 형성되었고, 극장이 설립되기 전에 고급 요리점이나 '기루' 같은 공간에서 일본인들의 공연이 펼쳐졌다. 그런 부산에 한국 최초의 극장이 설립되는 것은 자연스러운 일이었다. 그러나 그동안 한국 최초의 극장은 1892년 인천에 설립된 '인부좌'로 알려졌다. 부산 최초의 극장인 '행좌'는 1903년에 설립되었기 때문이다. 먼저 개항한 부산에 인천, 서울보다 앞서 극장이 세워졌으리라 여겨졌지만, 어떤 기록도 발견되지 않았다. 그러다가 최근에 부산항 서기관이었던 민건호가 쓴 일기 『해은

행좌 표지석

1934년 부산극장 개관일 전경

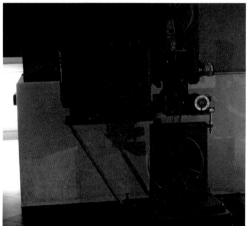
옛 필름 영사기

현재 부산극장

부산극장 연혁 표지판

일록』에 1889년 부산 '요술옥'에서 공연을 봤다는 기록이 등장하면서 요술옥을 한국 최초의 일본인 극장으로 봐야 한다는 주장이 힘을 얻고 있다.

부산에는 송정좌, 부귀좌, 부산좌, 보래관, 상생관, 대영극장, 부영극장 등 많은 극장이 있었다. 그 중 대표적인 극장인 부산극장은 1934년에 개관했고, 한국전쟁 중에는 임시 수도의 국회의사당으로 사용되기도 했다. 1955년 대규모 증축공사를 하여 부산 최대 규모를 자랑했으며, 1960년에는 지방 최고의 영화관으로 이름을 떨쳤다. 그러다가 1982년에 단관을 허물고 부산 최초의 멀티플렉스가 되었으며 2011년에 메가박스 부산극장으로 변경되었다.

그나마 극장 내부에 연혁 표지판과 옛 영사기를 설치해 놓았다.

──────── 서울의 단성사

서울 최초의 극장은 1902년 설립된 '협률사'다. 고종이 세운 국립극장이었고 그 후 '원각사'로 변경되었다. 서울의 극장은 청계천을 중심으로 충무로에 일본인 극장, 종로에 조선인 극장이 설립되었다. 그중 '단성사'는 1907년 종로에 설립된 대표적인 조선인 극장이었다. 1919년 10월 27일 단성사에서 한국 최초의 연쇄극 '의리적 구토'가 상영되었고 이날은 영화의 날로 제정되었다. 1926년 일제강점기의 대표작인 나운규의 '아리랑'을 개봉하며 단성사는 국내 영화관의 상징으로 자리하게 되었다. 그러나 2005년에 극장을 허물고 7개관 멀티플렉스로 변경되었다가 현재는 단성 골드 주얼리센터로 바뀌었다.

건물 입구에 이곳이 옛 단성사였다는 표지석이 설치되어 있다.

──────── 대구의 만경관

만경관은 1922년에 설립된 대구 최초의 조선인 극장으로 당시 대구 지역 조선인들의 문화적 자부심이었다. 한국전쟁 당시에는 피난민 수용소로 사용되기도 했다. 그러나 2002년에 멀티플렉스 MMC 만경관으로 변경되었다가 2018년에 롯데시네마 프리미엄 만경으로 명칭이 바뀌었다.

극장 내부에 만경관 옛 사진 한 장 없이 히스토리 몇 자뿐이다.

단성사

옛 단성사 자리

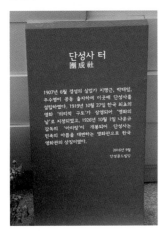

단성사 터 표지석

만경관 내부(1925년 5월 6일 「조선일보」)

현재 롯데시네마 프리미엄 만경

극장 내부

1916년 일본인 마을에 광주 최초의 일본인 극장인 광주좌가 설립되었고 1935년 조선인 마을에 광주극장이 개관되었다. 광주극장은 1,250명을 수용할 수 있었던 호남지역 최대규모의 극장이었다. 1968년 화재로 전소되었다가 현재 모습으로 재건축되었다.

극장 곳곳에 전시되어 있는 광주극장의 역사와 상영했던 영화 포스터를 통해 극장주의 자부심을 느낄 수 있었다.

광주극장

현재 광주극장

광주극장 내부

앞서 다른 도시의 대표 극장을 소개했지만 애관극장을 한마디로 정의하자면 비교할 상대가 없는 유일무이한 극장이다. 무려 129년의 역사를 자랑한다. 1883년 인천이 개항되면서 1892년 일본인 극장인 '인부좌'가 세워졌다. 그리고 1895년 조선인 최초의 극장 '협률사'가 설립되었다. 협률사는 1911년 '축항사'로 변경되었고, 1921년 '애관'으로 명칭이 바뀌었다.

명성이 자자했던 각 지역의 대표 극장은 하루아침에 갑자기 허물어져 빌딩이 되거나 대기업 멀티플렉스로 변신하고 말았다. 그러나 애관극장은 한국 최초의 조선인 극장이자 현존하는 가장 오래된 극장이다. 인천시민 개인에게는 추억이며, 인천에는 평생 친구이고, 우리나라에는 역사인 애관극장이 계속해서 우리 곁에 남아주길 바란다.

애관 내부, 1933년 2월 7일 「조선일보」

1928년 9월 2일 「매일신보」

1937년 6월 23일 「매일신보」

현재 애관극장

극장명으로 설립 시기를 알 수가 있다. 1890년대에서 1910년대 초기 극장은 협률사, 단성사, 인부좌와 같은 사(社)와 좌(座)의 명칭이었다. 표관, 대정관, 우미관 같은 관(館)의 명칭은 1910년대에 등장했으며, 1920년대 이후 조선극장. 중앙극장 같은 극장(劇場) 명칭이 사용되었다. 그리고 허리우드극장, 피카디리극장 같은 영문명 극장은 1960년대 이후 등장했다.

　　인천에서는 1892년에 최초의 일본인 극장 인부좌가 개관되었고 비슷한 시기 중국 조계지에 이름은 알 수 없지만 중국인 극장이 설립되었다. 그리고 1895년에 조선인이 설립한 최초의 극장 협률사(애관극장의 전신)가 세워졌다. 그해에 뤼미에르 형제가 영화를 발명했다.

> "활동사진을 본즉 사람이 살아서 움직이는 것 같으니 그 놀라움을 무어라고 표현할 수가 없다… 활동사진 속의 사람도 저렇듯 생생하게 움직이는데 조선의 백성들은 세상이 어떻게 돌아가는지도 모르고 나아갈 바도 알지 못한 채 활동을 하지 않으니 활동사진 속의 사람만도 못하다."
>
> (1901년 9월 14일 「황성신문」)

극장 이름의 변천사

00사(社) 00좌(座) 1890 ~ 1910	00관(館) 1910년대	00극장 1920년대 이후	0000 영문명 1960년대
협률사 단성사 가부키좌	표관 죽원관 우미관	조선극장 미림극장 인영극장	허리우드 인천키네마 피카디리

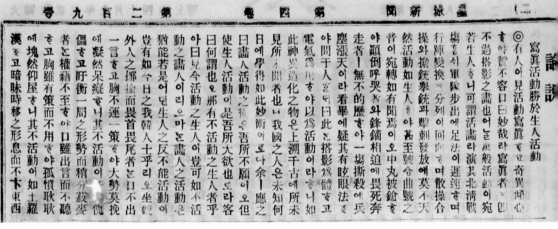

1901년 9월 14일 「황성신문」

한상언 한상언영화연구소 대표

활동사진이란 용어가 처음으로 사용된 신문기사다. 인천에서는 영미연초회사, 제물포연초회사 등이 판촉 행사 목적으로 활동사진을 보여주었다. 서울에서는 동대문 전차창고 등에서 상영했다. 한상인영화연구소 한상인 대표는 이렇게 설명한다.

> "조선의 초기 공연장은 일본인이 거주하는 부산, 인천 같은 개항지에 설립되었다. 1895년 프랑스 뤼미에르 형제가 영화를 발명했는데 조선에는 1897년 무렵 유입된 것으로 추정된다. 당시 활동사진이라 불렸던 영화는 상해를 통해 조선과 일본에 영화필름이 판매되었는데 조선은 인천을 통해 서울로 필름이 전해질 수 있었다. 1903년 동대문활동사진소 전차창고에서 활동사진을 상영한 것도 인천에서 들어온 필름이라 추정할 수 있다. 활동사진관과 상설영화관의 차이는 영사실 유무이다. 영사실은 화재를 예방할 수 있는 공간이어야 해서 벽돌 혹은 콘크리트로 지어졌다. 이런 영사실이 있어야 상설영화관인 것이다."

인천 최초의 상설영화관은 1914년에 개관한 표관이다. 300여 명을 초청하여 개관식을 거행했는데 불야성을 연출하며 대성황을 이뤘다.

무성영화 시기에 최고의 인기스타는 변사였다. 관객은 변사를 통해 영화를 전달받았다.

배우보다도 인기가 많았던 유명 변사의 종말은 유성영화의 등장 때문이었다. 1927년에 최초의 유성영화 〈재즈싱어〉가 상영되었고, 1935년에 한국 최초의 유성영화인 〈춘향전〉이 개봉하였다. 인천에서는 1930년에 처음으로 애관에서 발성영화 〈아구시대〉가 상영되었다.

1932년 월트디즈니의 〈꽃과 나무〉로 컬러 영화가 시작되었고, 1937년에 최초의 장편 애니메이션 〈백설공주와 일곱 난쟁이〉가 개봉되었다. 한국에서는 1956년에 〈백설공주와 7인의 소인〉이라는 제목으로 공개되었다.

1945년 해방을 맞이하여 일본인 극장들이 적산으로 처리되면서 극장명이 바뀌었다. 표관은 미군정에 의해 "Sea horse theater"(해마극장)로 변경되었다가 1947년 문화관으로 개칭되었다. 인천키네마는 동방극장으로 변경되었다.

삽화 김혜민

1930년 2월 3일「동아일보」

1956년 애관, 출처: 동산고 졸업 앨범, 「굿모닝인천」 제공

1943년 표관, 출처 국사편찬위원회, 제공: 주희풍, 김식만

1950년 파괴된 애관극장, 출처: 종군기자 임응식, 화도진도서관 제공

1973년 4월 17일 「매일경제」

1960년 9월 2일 「조선일보」

1950년 한국전쟁으로 인천의 애관극장, 문화관, 키네마극장, 공회당이 파괴되었다. 전쟁 후 세계극장, 현대극장, 항도극장, 장안극장, 문화극장, 서부극장, 미림극장 등 새로운 극장들이 설립되었다.

1960년대는 '시네마 천국'이었다. 1960년 애관극장 신축을 시작으로 자유극장, 도원극장, 금성극장, 키네마극장, 현대극장, 백마극장, 대한극장, 한일극장, 아폴로극장 등이 새로 지어졌다. 극장마다 관객들로 미어터지던 호시절이었다.

> "인천 시내 극장업자들은 TV의 보급률 증가와 레저붐 등으로 극심한 경영난을 겪고 있는가 하면 일부 업자들은 전업을 서두르고 있다."
>
> (1973년 4월 17일 「매일경제」)

그런데 1970년대에 들어서면서 TV의 급격한 보급으로 인해 극장의 위기가 시작되었다. 1972년 인영극장이 폐관되었고 1973년에는 키네마극장이 폐관되면서 외환은행에 소유권이 넘어갔다. 그리고 연이어 부평극장, 세계극장, 한일극장, 장안극장, 도원극장, 동방극장 등이 폐관되었다.

1980년대는 소극장의 전성시대였다. 동인천극장, 명보극장, 희망극장, 국도극장, 제물포극장, 스카라극장, 인하씨네마, 주안극장, 효성극장, 단성사, 청천극장, 석남극장, 아카데미극장, 부평문화극장, 계산예술극장, 하나로극장, 동암시네마, 새주안극

1987년 동인천극장 특별우대권, 제공: 사진작가 김보섭

1989년 4월 26일 「인천일보」

1999년 CGV인천14 개관 광고

1989년 3월 18일 「한겨레신문」

장 등 많은 극장이 개관했다. 국도극장과 명보극장은 성인영화를 상영하는 제한상영관이었고, 제물포극장, 새주안극장 등은 비디오물 상영관으로 전락하기도 했다.

1989년에 주목할 만한 변화가 동시에 일어났다. 애관극장이 증축되어 인천 최초로 70mm 영화관이 되었다. THX시스템을 만든 조지 루카스 팀이 애관으로 와서 극장 내부구조를 전면 재설계했다.

1988년 미국 UIP영화사가 한국에 직접배급을 결정했다. 전국의 유명 극장과 제작사, 감독, 배우들이 UIP 직배를 반대하며 시위에 나섰다. 그러나 결국 1989년 〈위험한 정사〉를 시작으로 UIP영화가 개봉되었고, 관객들의 반응은 뜨거웠다. 인천에서는 인형극장이 UIP 직배 영화 상영관이 되었다.

서울 CGV강변11에 이어 두 번째로 1999년 구월동에 CGV인천14가 등장했다.

"상영관이 14개인 극장은 인천이 처음!"이란 문구처럼 갑자기 14개 극장이 생긴 셈이다. 인천의 극장가는 초토화가 되고 만다. 인천극장, 피카디리극장, 희망극장, 부평극장, 오성극장, 자유극장, 인형극장, 중앙극장, 미림극장 등이 줄줄이 폐관되었고 위기를 느낀 애관극장은 2004년에 5개관으로 증축을 했다.

1999년 또 하나의 변화는 자동차극장의 등장이었다. 대형 스크린을 갖춘 야외극장으로 처음에는 인기를 끌었지만 곧 시들어지고 말았다.

2007년 미추홀구의 주도로 프리머스 주안을 영화공간 주안으로 변경했다. 전국 최초로 지방자치단체에서 운영하는 예술영화관이 되었다. 총 4개관과 소공연장까지 갖춘 전국 최대 규모를 자랑한다.

2016년 넷플릭스의 온라인 동영상 서비스(OTT)가 한국에 도입되었다. 극장보다 저렴하고 접근성이 뛰어난 OTT가 주류 매체로 성장하면서 극장을 찾는 관객들이 급속하게 줄었다. 그리고 2019년에 코로나가 발병하면서 극장업은 직격탄을 맞아 더욱 심각한 경영난에 빠졌다.

현재 인천의 개인극장은 애관극장, 미림극장, 대한극장뿐이다.

인천 첫 자동차극장
시네마파크 문열어

인천지역 최초의 자동차 전용 극장인 인천시네마파크(대표 김봉기·동구 송현2동)가 10일 문을 열었다.

1만2000평 부지에 가로 30m, 세로 20m의 대형스크린을 설치한 이곳에서는 자동차 400여대를 동시에 주차시킨 채 영화를 관람할 수 있다.

매일 오후 9시부터 다음날 오전 3시까지 2시간 간격으로 세 차례 영화를 상영하며 입장료는 인원에 상관없이 승용차 1대당 1만2000원.

인천시네마파크는 개관기념으로 20일까지 '쉬리' '매트릭스' 등 2편의 영화를 무료 상영한다. 또 20일 오후에는 인기가수를 초청해 축하공연을 열 예정이다. 032-777-6412~5

〈인천=박희제기자〉
min07@donga.com

1999년 8월 11일 「동아일보」

영화공간주안

넷플릭스 로고

애관극장

3장

극장이란 우리에게
무엇이었을까?

극장이란 나에게 어떤 기억으로 존재하는가?

　여러 문화 예술인 그리고 인천 시민들은 이렇게 이야기한다. 먼저 봉준호 감독은 어린시절 영화에 대한 추억을 이렇게 떠올린다.

봉준호 영화감독

"초등학생 때 대구에서 재개봉했던 〈사운드 오브 뮤직〉을 보려고 누나의 손을 잡고 대낮에 극장에 들어갔었다. 〈사운드 오브 뮤직〉이 3시간 정도 되는 영화라서 영화를 다 보고 극장을 나오는데 깜깜한 밤이 되어 있었다. 그게 어린 마음에 충격적이었다고 할까. 그 느낌이 너무 신기하기도 하고 영화에 빠진 사이에 지구가 반 바퀴 돌아버린 느낌이었다. 잠시 극장의 어둠 속에 빨려 들어가서 다른 차원의 세계로 이동했다가 다시 돌아왔던 그런 원초적인 기억이 남아있다."

"서울, 부산 등 대도시에 오래된 극장이 하나씩만 존재했어도 좀 더 다양한 영화들이 상영되었으리라 생각한다. 지금 대기업이 운영하는 멀티플렉스는 전국 어디를 가나 다 똑같다. 옛날 극장들은 자신만의 특색있는 건물로 외관뿐만 아니라 상영하는 영화가 달랐고 각 극장만의 간판, 극장이 주는 동선 심지어 극장 냄새조차 달랐다."

김형수 광주극장 전무이사

"16살 때 세계극장에 갔었다. 남들은 영화를 보고 즐거워했지만 나는 영화를 보지 않고 깜깜한 공간에서 당시 학교 진로에 대해 심각한 고민을 했었다. 그렇게 세계극장을 한 달 동안 다니면서 영화는 보지 않고 어둠 속에서 생각했다. 그때 내게 극장은 '사색할 수 있었던 깜깜한 내 공간'이었다."

곽현숙 아벨서점 대표

"고등학생 때 집안이 어려워서 납부금을 못 내는 경우가 많았다. 그러면 선생님에게 혼나기도 하고 친구들 보기에도 창피했었다. 그런데 부모님께 말씀드리지 못했다. 어느 날 선생님이 납부금을 가져오지 않으면 학교에 오지 말라고 해서 아침에 집을 나와 학교는 가지 못하고 극장에 갔었다. 한

강성원 인천시민

편 값으로 하루 종일 같은 영화를 반복해서 보고, 어머니가 걱정하실까 봐 방과 후 시간에 맞춰 집에 갔던 기억이 난다."

도다 이쿠코 관동갤러리 관장

"애관극장은 옛 동네극장의 느낌이 살아있어 좋다. 동네 사람들이랑 애관에서 약속을 잡고 수다를 떨다가 영화 한 편을 보곤 한다. 그런 극장이 우리 주위에 남아있다는 게 매우 소중하다. 애관극장이 언제까지 존속할지는 운명이라고 본다. 현재 극장주가 극장을 매각하고 새로운 주인이 그 건물을 허문다면 그 또한 운명일 것이다. 그러나 내가 아무도 관심 없었던 살림집을 관동갤러리로 만든 것처럼 애관극장에 지속적인 관심을 갖는다면 애관극장의 운명의 끈은 살아있을 것이다."

손복만 인천시민

"미림극장이 재개관할 때부터 다녔다. 일주일에 두어 번 온다. 값도 싸고 집에서 가까워서 좋다. 미림극장이 어렵다는 것을 안다. 손님이 많아졌으면 좋겠다. 우리 실버세대들은 어딜 가도 환영받지 못한다. 서울 허리우드극장 같은 경우는 각처에서 노인들이 올라와 늘 매진이다. 그러면 다음 회를 보기 위해 노인들이 자연스럽게 모여 차 한잔 마시고 그러면서 친구들을 사귄다. 내가 이곳 미림극장에 오는 이유는 단지 영화가 좋아서가 아니다. 외로워서 오는 것이다."

"나에게 극장은 학교이자 도서관이며 박물관이었다. 초등학교 다니기 전부터 극장에 다녔는데 옛 필름영사기에서 나오는 한 줄기 빛이 스크린에 투영되어 영화가 움직이면 그 '마술'에 흠뻑 빠졌다. 당시 인천의 극장은 좌석제가 아니어서 영화가 끝나기 10분 전에 극장 안으로 들어가 영화가 끝나면 자리를 차지하기 위해 사람들이

윤기형 영화감독 (촬영 김성환 사진작가)

날아다니는 무협이 펼쳐지곤 했다. 그래서 인천시민들은 영화 결말을 알고 다시 처음부터 영화를 봤던 특이한 경험을 갖고 있다."

"미림극장에서 하는 꿈다락 교실 수업에 참여하고 있다. 이곳 미림극장이 옛날에 유명한 극장이었는데 없어졌다가 다시 문을 열었다고 엄마를 통해 들었다. 미림극장은 좋은 영화를 상영하는 것뿐만 아니라 꿈다락 교실 같은 다양한 프로그램이 있어 좋다. 이 수업을 들으면서 나중에 멋진 영화를 만드는 감독이 되고 싶어졌다."

사준서 인주중학교 3학년

4장

최초의 도시 인천의
인부좌(1892)와
협률사(1895)

지금 동인천은 구도심이 되었지만 한때 최고의 "시네마 천국"이었다. 극장 밀집도가 이렇게 높은 지역은 전국에서도 동인천이 으뜸이었다. 애관극장, 인영극장, 키네마극장, 인천극장, 문화극장, 동방극장, 세계극장, 오성극장, 미림극장, 장안극장, 현대극장, 시민관 등 대략 19개 극장들이 생겼다가 사라졌다. 1895년 조선인 최초의 극장 협률사는 현재 애관극장으로 이어져 현존하고 있다.

이런 현상에 대해 인천개항장연구소 강덕우 대표는 이렇게 설명한다.

"인천은 다른 도시가 경험하지 못했던 도시였다. 비류가 만든 백제의 수도가 아닌가. 한 나라의 수도였던 도시는 서울, 경주, 부여 등 몇 군데 없다. 또한 인천 개항이 부산, 원산에 이어 세 번째 개항이라고 하지만 서울과 가장 가까운 곳은 인천이다. 개항은 곧 통상인데 모든 재화가 몰려있는 서울을 차지하기 위해서는 인천의 개항이 필수였고 실제적 첫 번째 개항이 바로 인천이었다."

개항 전 인천의 중심지는 문학동, 관교동이었다. 현재 문학초등학교 안에 있는 인천도호부가 위치한 곳이다.

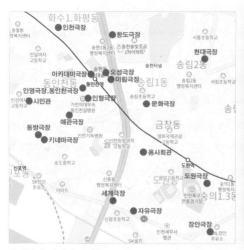

동인천에 있었던 극장들

강덕우 인천개항장연구소 대표

1923년 문학초등학교 2회 졸업식. 뒷 건물이 인천도호부 객사, 출처: 문학초등학교

능허대

임동윤 인천고 지리교사

그때 인천의 대표적인 나루터는 능허대였다.

능허대에 얽힌 이야기를 임동윤 선생(인천고 지리교사)은 이렇게 들려 준다.

"백제시대부터 개항 전까지 서울에서 인천으로 가려면 부천을 지나 성현(현
재 일신동)을 거쳐 여러 고개를 넘어 문학산 밑 인천도호부까지 왔어야 했다.
배를 타기 위해서는 다시 또 고개를 넘어 능허대까지 가야 했다. 일본인들은
기존 토착 세력들이 자리 잡은 능허대를 포기하고 개항을 위해 새로운 장소
를 물색했다. 그 곳이 바로 제물포, 지금 올림포스호텔 밑이다."

인천은 1883년 개항과 함께 조계지가 형성되었다. 조계지 계단을 중심으로 오
른쪽에 일본 조계지, 왼쪽에 청국 조계지가 형성되었고, 그밖에 미국, 영국, 러시아
등 각국 공동 조계지가 세워졌다. 현 중구청 자리에 일본영사관이 자리잡으면서 한
적한 포구에 불과했던 제물포 일대는 국제 신도시로 변모되었다. 그리고 새로운 문
물이 인천을 통해 밀물처럼 밀려 들어왔다. 그래서 인천은 '최초의 도시'라는 수식
어가 생길 만큼 최초가 많은 도시가 되었다. 철도, 교회, 짜장면, 공원, 담배, 사이다,
호텔, 성냥, 등대, 야구 등등 셀 수가 없을 정도다. 손동혁 인천문화재단 정책협력실
장은 당시 인천에 대해 다음과 같이 말한다.

"인천이 많은 것에서 최초의 도시인 것은 맞지만 단순히 최초라는 물건에 한
정 지을 게 아니라 그로 인해 어떤 변화가 생겼는지 살펴볼 필요가 있다. 인
천에 극장이 설립되면서 그로 인한 영사기사, 변사, 매표원 등 새로운 직업군
이 생겨났고 새로운 대중문화의 등장으로 인한 혁신적 변화에 더 주목해야
한다."

인천 최초의 극장은 1892년 일본조계지에 세워진 인부좌다. 현 중구청 뒤편에
있었던 것으로 추정된다. 인부좌(仁富座)는 말 그대로 인천에서 부를 추구하는 일본
인들을 위한 극장이었다. 당시 인천에 일본 자본이 들어오면서 자연스럽게 극장이

조계지 계단

손동혁 인천문화재단 정책협력실장

인부좌 기사. 1892년 6월 5일 「조선신보」

애관극장 주소

고일의 『인천석금』과 최성연의 『개항과 양관역정』

애관극장

설립되었고 연극, 악단 공연, 슬라이드 상영과 각종 집회가 이루어졌다. 그리고 비슷한 시기 중국조계지에 이름은 알 수 없지만 중국인 극장이 세워졌고, 조선인이 살던 마을에는 1895년 정치국이 세운 최초의 조선인 극장 협률사(協律舍, 애관극장의 전신)가 설립되었다. 개항장에서 서울로 가는 유일한 길가에 협률사가 세워진 것이다. 그래서 현재 애관극장의 주소가 '개항로 63-2'이다.

고일 선생은 저서 『인천석금』에서 "협률사는 용동의 창고를 개조해 지어졌는데, 처음에는 〈박첨지〉, 〈홍부놀부〉 등 토속적인 창극, 신파극 등을 주로 무대에 올렸다"라고 저술했다. 최성연 선생은 『개항과 양관역정』에 "협률사, 그 당대 인천의 부호 정치국 씨가 운영하던 협률사라는 연극장이 있었다. 협률사는 오늘의 애관의 전신으로서 청일전쟁(1894~1895)중 지었던 단층 창고를 연극장으로 전용하였는데 전면을 벽돌 2층으로 증축하는 등 누차에 걸친 확장을 거듭하던 끝에 동란 중 병화로 소실되었다"라고 구체적인 설립 시기까지 밝혔다.

협률사는 1911년에 축항사로 변경되고 1921년에는 애관으로 바뀌면서 오늘까지 현존하고 있다. 인천에서 택시 운전을 하는 이관희 씨는 "애관극장이 있어 그래도 인천의 족보가 하나쯤은 살아있는 것 같다"고 말씀했다. 애관극장은 인천시민들의 자부심이자 인천의 보물이며 대한민국의 역사적인 극장이다. 애관극장을 통해 극장사뿐만 아니라 한국 근현대사를 살펴볼 수 있을 정도다. 애관극장에 대한 자세한 이야기는 3부에 펼쳐놓겠다.

1883년 인천 개항과 함께 인천에 신문물이 밀려 들어왔다. 그중 하나가 극장인데 개항 초기부터 해방 전까지 일본인들은 인천에 인부좌, 인천좌, 가부키좌, 죽원관, 낙우관, 표관, 인천영화극장(인영극장), 부평영화극장(부평극장) 여덟 개의 극장을 설립했다.

일본인 극장들이 있던 곳(인부좌와 죽원관 위치는 추정이다)

─────── 인부좌(仁富座)

인천 최초의 극장은 1892년 송학동에 세워진 인부좌다. 이름의 뜻은 "인천에서 부를 추구하는 곳"으로 일본인들을 위한 극장이었다. 1892년 인천에서 부산으로 운항하던 일본 상선 이즈모마루가 전남 소안도 인근에서 침몰해 54명이 사망했는데, 조난자의 상당수가 인천의 일본인이었기에 인천의 일본인들이 유족을 돕기 위한 자선 연예회를 인부좌에서 개최하였다. 자선 연예회에는 800명이 넘는 관객들이 참석하여 극장을 가득 메웠고, 마술과 무용, 연극 등 다양한 행사가 펼쳐졌다. 인부좌는 일본영사관 건물(현 인천 중구청) 뒤쪽에 있었을 것으로 추정된다. 그러나 더는 인부좌에 대한 자료가 발견되지 않고, 언제 폐관했는지도 알 수 없다.

─────── 인천좌(仁川座)

인천좌는 1897년 이전에 인천부청 서쪽 중정(현재 관동)에 100석 규모로 설립되었다가 1897년에 산수정(현재 송학동)으로 이전하였다. 1905년에 인천가부키좌(仁川歌舞伎座)가 설립되면서 경쟁에서 밀려 1907년 대전으로 이전했다.

─────── 인천가부키좌(仁川歌舞伎座)

인천가부키좌 외관 사진, 출처: 경성부지권, 한상언 제공

'가부키'는 '기발한 모습·행동을 한다'라는 의미이다. 일본에서 가장 오래된 가부키좌는 1835년에 세워진 카네마루좌다. 한국에 세워진 인천가부키좌는 일본 가부키좌 건물 양식 그대로 만들어졌는데, 인천뿐만 아니라 서울, 평양, 부산 등에도 가부키좌가 있었다.

인천가부키좌는 1905년 빈정(현재 사동)에 2층 건물로 건축되었다. 130개의 전등과 1,000명을 수용할 수 있었던 조선 제일의 시설을 자랑했다. 부지 300평에 건평이

160평이었고, 다다미 방석에 앉는 좌식 극장이었다.

초기에는 일본의 공연단이 주로 찾아왔지만 나중에는 조선인에게도 개방하여 임성구의 혁신단 공연, 인천 음악대회, 최승희 무용 공연 등이 열렸다. 1935년에 인근 축지활판소에서 화재가 발생해 인천

1932년 12월 19일 「조선신문」

가부키좌까지 불이 옮겨 붙어 전소되었다.

——————— 낙우관(樂友館)

인천가부키좌가 화재로 인해 전소된 이후 인천에 극장은 "애관"과 "표관"밖에 없었다. 당시 10여만 명에 달하는 인천의 인구에 비해 부족한 오락시설을 보충하기 위해 1937년 일본인 극장 "낙우관" 착공식이 성대히 거행되었다. 1938년 낙우관은 동보영화극장으로 변경되면서 봉절관(개봉관)

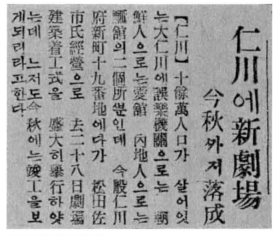

1937년 5월 5일 「매일신보」

이 되었다. 이때 다다미에서 의자로 시설을 개조했다. 1937년에 일본의 동보(도호)영화사가 조선에 진출하면서 미리 자리 잡았던 송죽(쇼치쿠)영화사와 본격적인 경쟁을 벌였다. 동보는 경성에 동보영화사를 설립했는데 그게 스카라극장의 전신인 약초동보극장이었다. 그리고 인천에도 동보영화극장을 설립했다. 그 후 인천키네마, 동방극장 순으로 극장명이 바뀌었다. 동방극장은 1981년에 폐관되어 그 자리에 상가 건

물이 지어졌고 스탠드바와 교회 등이 들어섰다. 그러다 상가마저 허물어지고 한동안 주차장으로 활용되다가 2018년에 지금의 눈꽃마을로 바뀌었다.

──────── 죽원관(竹園館)

죽원관 광고(1925년 4월 25일 「경성일보」)

죽원관은 1908년 궁정(현재 신생동)에 2층 건물로 건축되었다. 300명 정도 수용할 수 있었고 1층은 사진관과 상품 전시장으로 활용되었다. 1926년 이후 폐관된 것으로 보인다.

──────── 표관(瓢舘)

표관, 출처: 인천역사자료관

표관은 1914년 신정(현재 신포동)에 세워졌는데 "박집"이라는 특이한 명칭의 극장이었다. 본관을 중심으로 좌우 양쪽에 부속동을 설치한 2층 건물이었고, 900명 정도 수용할 수 있는 매우 근사한 극장이었다. 표관은 광복 후에 미군정에 의해 "Sea Horse Theater"(해마극장)로 변경되었다가 다시 인천시에 반환되면서 문화관으로 바뀌었다. 1950년 한국전쟁 중에 소실되었지만, 1961년 키네마극장으로 신축되었고, 1973년에 폐관하였다. 지금 신포동 하나은행 자리이다.

――――――― 인천영화극장(인영극장)

인영극장은 1942년 지금의 동인천역 앞에 개관했다. 인천에서는 처음이고, 조선에서는 일곱 번째인 뉴스 문화영화 전문 극장이었다. 뉴스문화영화란 다큐멘터리를 포함하여 교육 영화, 계몽 영화, 뉴스 영화, 홍보 영화 등을 포괄한 것을 말한다. 주로 학생들이 단체 관람을 했고, 일본제국주의 선전용으로 활용되었다. 당시 애관은 인천을 대표하는 극장으로 일본어로 '아이깡'이라 불렸다. 그래서 어린이 극장이었던 인영극장을 '고도모 아이깡'이라 불렀다. 1972년

인천영화극장 개관을 알리는 기사
(1942년 7월 2일 「매일신보」)

극장을 허물고 그 자리에 인영빌딩을 지었는데, 1987년 그 빌딩 3층에 동인천극장이 설립되었다. 동인천극장은 1996년에 폐관되었다.

――――――― 부평영화극장(부평극장)

부평극장은 일제강점기 부평 지역 최초의 극장으로 1943년에 개관했다. 당시 인천에는 애관, 문화관, 동방극장, 인영극장 네 개 극장이 있었다. 이때 부평극장이 추가되어 인천의 극장은 다섯 개가 되었다. 1954년에는 입장 인원 18,197

부평극장, 출처: 『인천사진대관』, 1956

명을 기록하여 동인천 지역의 인영극장과 문화극장을 앞질렀다. 부평극장은 대기업 멀티플렉스의 등장으로 인해 2003년경에 폐관되었다.

6장

중국인 극장과 차이나타운

1883년 인천이 개항되면서 1884년에 "인천화상조계장정"이 체결되고, 지금의 선린 동 일대에 중국조계지가 세워졌다. 청국영사관도 그때 들어섰다. 지금 화교중산학 교 자리다. 청국영사관에는 본청, 순포청(경찰서), 전보국 등이 있었고, 인근에 중국 음식점, 잡화점, 의선당 등이 생겨났다. 그러나 중국인 극장에 대한 자료는 찾기 어 려웠다. 일본인들은 인부좌를 시작으로 인천좌, 인천가부키좌, 죽원관, 표관 같은 일 본인 극장을 설립했는데, 차이나타운에는 중국인 극장 하나 없다는 게 이상했다. 그러던 중에 독일 쾰른에서 식민지 한국의 극장 관객 문화를 연구하고 있는 강성운 연구원이 중국인 극장에 대한 자료를 보내주었다. 1892년 여름 제물포에 중국인 극 장이 있었다는 기록이었다.

"우리는 한국으로 돌아온 그해 여름의 대부분을 제물포에서 보냈다. 아이가 아팠기 때문이다. 우리는 '호텔'이라 불리는, 중국인이 운영하는 숙소에 머물 렀다. 그런 장소 특유의 소음과 악취로 긴 밤들은 거의 참을 수 없을 지경이었 다. 이른 저녁부터 자정이 지나도록 길 건너편의 중국 극장에서 배우들이 노 래하는 고음의 가성이 우리를 괴롭혔다."

청국영사관, 출처: 인천역사자료관

화교중산학교(옛 청국영사관 자리)

『상투의 나라』(릴리아스 언더우드 지음)

대풍다원 기사(1913년 10월 15일 「조선신보」, 제공: 한상언)

1924년 3월 20일 「매일신보」

_ 릴리아스 언더우드(연세대학교를 세운 선교사 언더우드의 아내)가 쓴 회고 록 중 일부.

함께 보내준 영어 원문에도 "Chinese Theatre"라고 표기되어 있었다. 언더우 드 부부는 1892년 여름에 제물포에 머물고 있었다.

찾아보니 '상투의 나라'라는 제목의 한국어 번역 책이 있었다.

대풍다원 기사(1913년 10월 15일 「조선신보」) 제목인 "지나극장의 도장"은 중국 인 극장의 도박장이란 뜻이다. 인천 차이나타운에 있었던 중국인 극장 대풍다원에 서 중국인들이 도박을 벌여 일본 경찰이 체포했다는 내용이다. 중국 극장은 희원, 희관, 다원 등으로 불렸다. 그러나 대풍다원이 언제까지 존속했는지는 알 수 없다.

"지나인 70명과 민족적 대격투. 조선인과 지나인 검속자 다수. 아이들이 지나 여 배우를 조롱한 것이 원인이 되어 큰 쌈이 일어나. 그제 저녁 여섯 시부터 인천시 가에는 수백의 조선인 군중이 십여 명의 지나인을 상대로 민족적 쟁투를 일으 켜 피를 뿌리고 다수한 검속자를 내이고 다섯 시 반에 진정된 대활극이 있었다."

(1924년 3월 20일 「매일신보」)

애관에서 공연 중이던 중국 천진 가무극단 단원 70명과 조선인 3백여 명이 격 투를 벌인 사건이었다. 애관극장 벽과 유리창, 숙직실, 문 등이 파괴되었고, 중국인 배우가 중상을 당하여 중국 영사까지 출동하는 소동이 발생했다.

"중국 극단에 조선인 여배우 그 극단의 중추가 된다. 애관에서 중국구극단 옥순화라는 연극이 요사이 흥행하여 왔는데 그 극단 배우 중에는 꽃다운 여 배우 한 사람이 있어 중국 관객으로 하여금 갈채를 하게 하였는데…."

(1924년 4월 6일 「조선일보」)

위 두 기사를 살펴보면 중국 극단들이 애관에서 자주 공연을 한 것으로 보인

中國劇團에
朝鮮人女俳優

그극단의주추가된다

지난이월하순부터인천부(仁川府)
외리(外里)에ㅅ딀(劇館)에충국극
단옥순화(玉順和)라는연극이요사
이흥행하여왓는데 그극단배우중
에는웃다운녀배우가잇서서
충국관객으로하야금갈채를이끄하
는데 이녀배우로부발하면 의외에
상스러온「로맨스」를붉감추어잇다그
버용에대개를소개하면이녀자는
내

경성태생

으로나히겨우비
살쉐에엿더한구진바람에불니어중
국에건너가하여 ㅂ살먹든해부린충
국극단에들어이래녀배우노룻ㅂ를
하얏는데그의어업뿐용모와련재의

劇場設置運動

[仁川] 근일인천중국인가(中
國人街)에서는「창시」(歌劇)

상설관(常設館)설치운동이이
러나서 관게자들로부터인천
서에출원함으로 충국인사회에
가되지안음으로 충국령사관에
서는이는중국령사관(領事館)
의위신(威信)이럼슴에해엇인
된것이란오해밋혜서「위신업는중
국령사관을의회함보다 차라리
영국(英國)령사관의힘이가
름만간자지못하다」는 어리석은
여론이 이터나서 영국령사사
무취급「벤닛트」씨를충간
에세워운동을시험하야고셔더
는중이라는데 이야말로국제
적(國際的)「넌센스」라하
겟다

1924년 4월 6일 「조선일보」　　　1931년 4월 29일 「매일신보」

1930년대 청관 거리, 출처: 인천역사자료관

차이나타운 현재 모습

차이나타운 위치

다. 대풍다원이 사라진 이후 중국인들을 위한 극장이 없었기 때문이다. 그러던 중
다음과 같은 신문기사를 발견했다.

> "인천 중국인이 극장 설치운동. 근일 인천 중국인가에서는 창시상설관 설치
> 운동이 일어나서 관계자들로부터 인천서에 출원하여 노력 중이나 허가되지
> 않음으로 중국인 사회에서는 이는 중국영사관의 위신이 없음에 원인된 것이
> 란 오해 밑에 '위신 없는 중국영사관을 의뢰함보다 차라리 영국영사관의 힘
> 을 비름만 같지 못하다.'라는 어리석은 여론이 일어나서 영국영사 사무취급
> 벤넷트 씨를 중간에 세워 운동을 시험하라고 떠드는 중이라는데 이야말로 국
> 제적 넌센스라 하겠다."
>
> (1931년 4월 29일 「매일신보」)

1931년에 인천 중국인들이 극장 설치 운동을 펼쳤다. 그러나 일본 당국의 허락
을 받지 못해 무산되었다. 중국인 사회에서는 중국영사관의 위신이 없기 때문이라
며 영국영사관의 힘을 빌리려 했다. 왜 새로운 중국인 극장이 없었을까 생각했는데
이런 사정이 있었다.

대형 멀티플렉스를 제외하고 인천에 있었던 극장 수는 총 64개였다. 현재는 애관극장, 미림극장, 대한극장만이 남아있다. 중구는 구도심답게 가장 많은 17개 극장이 있었다.

———————— 중구 17개

애관극장

1948년 애관과 2024년 현재의 애관

1895년 협률사로 출발. 조선인이 설립한 최초의 극장

1911년 축항사로 개칭. 1921년 애관으로 변경. 1960년 애관극장으로 변경

129년 역사의 현존하는 가장 오래된 극장

동방극장

1955년 동방극장과 현재 눈꽃마을

1937년 낙우관으로 출발. 1938년 동보영화관으로 변경

1940년대 초 인천키네마로 변경. 1945년 동방극장으로 개칭

1981년 폐관. 현재 눈꽃마을 자리

인영극장

1952년과 현재의 인영극장

1942년 인천영화극장(인영극장) 개관. 당시 조선 7번째 뉴스문화영화 전문관

별칭이 '고도모 아이깡'(어린이 애관)

1972년 폐관. 그 자리에 인영빌딩이 세워진다.

1987년 인영빌딩 3층에 태양극장 개관

1988년 동인천극장으로 변경

1996년 폐관

키네마극장

1965년 키네마극장과 현재 그 자리에 있는 하나은행

1909년 표관으로 출발

1945년 해마극장으로 변경

1947년 문화관으로 변경

1950년 한국전쟁으로 소실

1961년 키네마극장 개관

1973년 폐관. 현재 하나은행 자리

시민관

1934년 공회당과 현재 인성여고 다목적관

1922년 공회당 설립. 한국전쟁 중 소실

1955년 인천시립시민관(시민관) 신축

1968년 제일교회에 매각되면서 제일회관으로 변경

1970년대 초 인성여고 체육관으로 변경. 현재 인성여고 다목적관

인부좌

인부좌 관련 기사(1892년 6월 5일 「조선신보」)

1892년 송학동에 세워진 인천 최초의 극장. 이름 그대로 인천에서 부를 추구하는 일본인들을 위한 극장이었다.

인천좌

1897년 이전에 인천부청 서쪽 중정(현재 관동)에 100석 규모로 설립되었다가 1897년에 산수정(현재 송학동)으로 이전하였다.

1905년에 인천가부키좌가 설립되면서 경쟁에서 밀려 1907년 대전으로 이전했다.

인천가부키좌

인천가부키좌 외부(왼쪽)와 내부(오른쪽)

1905년 사동에 설립. 1,000명을 수용할 수 있었던 조선 제일 시설의 가부키좌였다.

1935년 인근 축지활판소 화재로 인해 전소되었다.

죽원관

1925년 죽원관 광고

죽원관은 1908년 궁정(현재 신생동)에 2층 건물로 건축되었다. 300명 정도 수용할 수 있었고, 1층은 사진관과 상품 전시장으로 활용되었다.
1926년 이후 폐관된 것으로 보인다.

대풍다원

중국인 극장인 대풍다원에서 배우 등 중국인들이 도박을 벌여 일본 경찰에 체포되었다는 기사 내용이다. 중국인 극장은 희원(戲園), 희관(戲館), 다원(茶園) 등으로 불렸다.

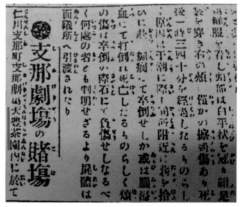

1913년 10월 15일 「조선신보」 제공: 한상언

용사회관

1950년 한국전쟁 후 설립된 용사회관은 말 그대로 상이용사를 위한 회관이었다. 다목적 공간이었는데 주로 영화를 많이 상영했고, 그 수익금으로 상이용사들을 도왔다. 상이군경용사회에서 직접 운영했으며, 용사회관은 인천 외에 다른 도시에도 설립되었다.
1960년대 초 폐관되었다.

옛 용사회관 자리

인천YMCA

옛 인천YMCA 자리

인천YMCA는 1948년 인천기독교청년회로 첫발을 내디뎠다. 당시 미군정이 일본 적
산가옥 부지(중구 신흥동 42)를 제공하면서 인천에도 영어 강습과 영화 상영 등이 활
발히 이뤄지기 시작했다. 본관 뒤에 영화를 상영하는 별도의 공간이 있었고 16mm
영화를 상영했다.

세계극장

1960년 세계극장과 현재

1950년대 말 신흥동에 개관
1975년 폐관

자유극장

1999년 자유극장과 현재

1960년 신흥동에 개관

2002년 폐관했다. 현재 백두유리 자리다.

인형극장

1994년 인형극장과 현재 수요양원

1978년 용동에 개관

1989년 UIP직배 영화관이 되었다.

1994년 2관으로 증축

1996년 3개관으로 증축. 인천 최초의 3개관 극장이었다.

2000년 IMC3로 변경

2005년경 폐관

아카데미극장

인천백화점과 현재

1989년 동인천역이 최초의 민자역사로 지어지면서 인천백화점이 개점했다. 당시 인천에서 가장 큰 백화점이었고 5층에 아카데미극장이 개관했다.
1992년 폐관했다.

영화의 땅

영화의 땅 광고

월미도에 자동차 극장, "영화의 땅"이 있었다. 일반 자동차 극장과는 달리 차들이 각각 독립된 공간에 들어가 각자 원하는 영화를 골라서 보는 매우 독특한 시스템이었다. 스크린 크기는 100인치였다. 2005년 청주에서 시작하여 인천과 대전, 김해, 군산 등에 있었다. 기존 자동차 극장은 밤에만 상영할 수 있었고 관람객들은 같은 영화를 보았는데, 영화의 땅은 시간에 구애받지 않고 독립된 공간에서 최신 영화를 관람객이 직접 골라보는 재미가 있는 극장이었다.

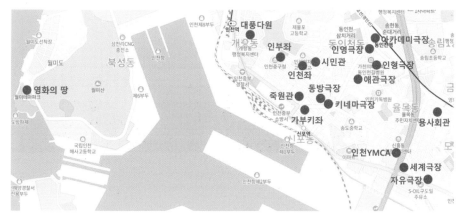

중구에 있었던 극장들(대풍다원, 인부좌, 죽원관, 영화의 땅 위치는 추정임을 밝혀둔다)

——————— 동구 7개

미림극장

1970년대 미림극장과 현재

1957년 송현동에 평화극장으로 출발

1958년 미림극장으로 변경

2004년 폐관

2013년 추억극장 미림으로 재개관

2020년 인천미림극장으로 변경. 현재 운영 중

오성극장

1971년 송현동 양키시장 위에 개관

1970년대 오성극장과 현재

1996년 시네팝으로 변경

2001년 애관2관으로 변경

2003년 폐관

현대극장

1988년 현대극장과 현재

1961년 송현동에 개관

1996년 폐관

인천극장

1955년 화수동에 시민극장으로 출발

1956년 시민극장 전소

1957년 인천극장 개관

2001년 폐관(현재 황토불가마 자리)

1981년 인천극장과 현재

항도극장

1950년 항도극장 신문 광고와 현재 그 위치에 있는 인천중앙교회

1949년 송현동에 개관

1957년 폐관(현재 인천중앙교회 자리)

문화극장

1965년 문화극장과 현재

1952년 금곡동 옛 조선인촌회사 자리에 설립

1992년 피카디리극장으로 변경

2002년 폐관

인천시네마파크

인천 첫 자동차극장
시네마파크 문열어

인천지역 최초의 자동차 전용 극장인 인천시네마파크(대표 김봉기·동구 송현2동)가 10일 문을 열었다.

1만2000평 부지에 가로 30m, 세로 20m의 대형스크린을 설치한 이곳에서는 자동차 400여대를 동시에 주차시킨 채 영화를 관람할 수 있다.

매일 오후 9시부터 다음날 오전 3시까지 2시간 간격으로 세차례 영화를 상영하며 입장료는 인원에 상관없이 승용차 1대당 1만2000원.

인천시네마파크는 개관기념으로 20일까지 '쉬리' '매트릭스' 등 2편의 영화를 무료 상영한다. 또 20일 오후에는 인기가수를 초청해 축하공연을 열 예정이다. 032-777-6412-5

〈인천=박희제기자〉
min07@donga.com

개관에 관한 신문기사(1999년 8월 11일 「동아일보」)

1999년 송현동 인천제철 앞에 개업 인천 최초의 자동차극장으로 400여 대를 수용했다.

동구에 있었던 극장들

──────── 서구 2개

석남극장

1992년 석남극장과 현재

1988년 석남동에 개관

1995년 폐관

두성극장

2001년 석남동에 개관. 3편 동시상영 성인영화관이었다.

2008년 폐관

옛 두성극장 자리

서구에 있었던 극장들

—————— 강화군 4개

강화공회당

1920년대에 성현성모공회당

1930년대에 잠두공회당이 있었다.

1954년에 강화공회당 신축

강화극장

1950년대 설립

1971년 김대중 순회강연회 개최

1992년 폐관

중앙극장

1983년 중앙시장에 개관

1988년 폐관

강화작은영화관

2015년 개관, 현재 운영 중

잠두공회당(1935년 9월 12일 「조선중앙일보」)

1959년 2월 6일 「조선일보」

현재의 중앙시장

강화 작은 영화관

도원극장

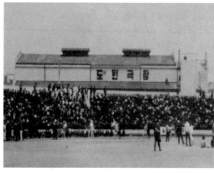

1965년 도원극장과 현재 아파트 자리

1960년 숭의동에 개관

1966년 화재로 전소, 개축 후 극장을 이어갔지만 1979년 폐관

극장을 허물고 운동장 공터로 활용하다가 현재 스타디움 센트럴시티아파트가 들어섬

장안극장

1960년 장안극장과 현재

1957년 숭의동에 장안사로 출발. 인천보육원이 고아를 위한 자금 마련책으로 설립

1958년 장안극장으로 변경

1978년 폐관

극장을 허물고 장안예식장을 세웠다. 그 후 장안뷔페웨딩홀로 신축, 운영되다가 현

재 1층에 마트, 2층에 침구 가게가 들어섰다.

중앙극장

1979년 중앙극장과 현재

1968년 도화동에서 아폴로극장으로 출발. 주안지역 최초의 극장이었다.

1975년 중앙극장으로 변경

1995년 2개관으로 증축

2002년 폐관. 현재 기아자동차 서비스센터 자리

한일극장

1967년 한일극장과 현재

1964년 용현시장 안에 설립

1976년 폐관

주안시민회관

1970년대 주안시민회관과 현재

1974년 개관. 공공 집회와 영화 상영 등 각종 문화 예술 행사의 장으로서 활용되었다. 지하 1층, 지상 3층으로 수용 규모가 1,388석에 달했다.

2000년에 폐관하고 그 자리에 시민공원과 문화창작지대가 들어섰다.

제물포극장

제물포극장과 현재

1986년 제물포역 앞 숭의4동에 개관. 초기에는 일반 영화를 상영하던 소극장이었으나 나중에 삼류 에로 비디오를 트는 극장으로 전락했다.

2002년 폐관되고 현재 치과가 들어섰다.

인하씨네마

1986년 인하대 후문 용현성당 옆에 개관

옛 인하씨네마 자리

1996년 폐관

영화공간주안

맥나인과 현재 영화공간주안

2004년 맥나인 개관. 총 9개관으로 1,171석 규모였다.

2006년 4개관으로 줄여 프리머스주안으로 변경

2007년 영화공간주안으로 변경. 지자체가 설립하고 운영하는 전국 최초의 예술 영
화관이다.

단성사

1988년 주안6동에 개관. 일반 상영관이었으나 나중에 삼류 에로 영화를 돌리는 동

옛 단성사 자리

옛 국도극장 자리

가운데 건물이 옛 명보극장 자리

옛 스카라극장 자리로 추정

시상영관이 되었다. 현재 금강산관
광카바레가 그 위치에 있다.

국도극장

1986년 주안6동에 개관. 동시상영관
이었는데 나중에 성인 영화를 트는
제한상영관이 되었다.
1993년에 뉴국도로 개명
2004년경 폐관

명보극장

1984년 주안역 옆 주안1동에 개관
국도극장과 함께 제한상영관이었다.
1995년 폐관

스카라극장

스카라극장은 1986년에 숭의동 238
에 개관했다. 사장 중 한 명이 이금
자였는데 그녀는 특이하게도 스카
라극장과 뉴국도극장, 단성사를 동
시에 운영했다.
스카라극장은 1994년에 폐관했다.

주안극장

1986년 시민회관 앞 주안동에 개관
월드고시원 건물 3층에 있었다.
1995년에 폐관

새주안극장

1990년대 말 주안역 인근에 개관
2000년대 초중반에 폐관한 것으로
보인다.

옛 주안극장 자리

하나로극장

1983년에 하나로쇼핑센터가 용현동
에 지어졌다. 이후 풍림하나로쇼핑
센터로 이름이 바뀌었고 1990년에
이 건물 4층에 하나로극장이 개관되
었다. 160석의 소극장이었다. 그러나
1년도 안 되어 폐관하고 말았다.

새주안극장

하나로극장

미추홀구에 있었던 극장들

9장

인천 극장사
—부평구, 계양구,
남동구, 연수구 편

부평극장

1956년 부평극장과 현재

1943년 부평영화극장 개관. 부평 지역 최초의 극장

1956년 부평극장으로 변경

2003년경 폐관

대한극장

1963년 부평역 바로 옆에 개관

1972년 대한극장과 현재의 대한극장

1995년 대한극장을 허물고 그 자리에 대한빌딩을 신축. 빌딩 3층에 대한극장 1관과 4층에 대한극장 2관이 들어섰다.

2024년 현재도 운영 중

금성극장

1972년 금성극장과 현재

1960년 부평5동에 개관

1996년 폐관

백마극장

1957년 산곡동에 부평 서쪽이라는 뜻의 서부극장으로 출발

1963년 백마극장으로 변경

1994년 폐관

1972년 백마극장과 현재

옛 동암시네마 자리

동암시네마

동암시네마는 동암역 2번 출구 앞 먹자골목에 1990년 개관했다. 건물 4층에 있었는데 동암역 인근 유일한 극장이어서 초기에는 제법 장사가 잘되었다. 그러나 동시상영관을 거쳐 성인영화관이 되더니 1995년에 폐관하고 말았다.

1960년대 애스컴극장

애스컴극장

일제강점기에 인천 부평에 세워졌던 육군 조병창(造兵廠)이 해방 후 애스컴시티로 바뀌면서 미군을 위한 클럽, 도서관, 병원, 체육관, 극장 등이 세워졌다. 미군들로 구성된 애스컴극단도 존재했다.

옛 현대시네마 자리

현대시네마

1991년 산곡동 현대백화점 5층에 개관 1995년 폐관(현재 2001아울렛 자리)

엡스시네마

2000년 엡스201과 현재

2000년 부평동 엡스201 5층에 2개관
으로 개관. 2003년에 폐관했고 20년
째 빈 건물로 방치되어 있다.

부평문화극장

1989년 부평6동 611-11 지하에 개관
1995년 폐관

다나은한방병원(옛 부평문화극장 자리)

청천극장

1988년 청천동 11-35 지하에 개관
2000년대 초 폐관

옛 청천극장 자리

네오시네플렉스10

2003년 청천동 아이즈빌아울렛에 10
개관으로 개관
2004년 매각되어 현재 CGV부평10으
로 운영

2010년 전경(네이버 거리뷰)

부평키넥스5

부평역사에 있었던 부평키넥스5(현 부평역사 롯데시네마)

부평구에 있었던 극장들

2001년 부평역사 7층에 개관

2007년 폐관

현재 부평역사 롯데시네마로
운영 중

옛 효성극장 자리

옛 계산예술극장 자리

효성극장

1987년 효성동에 개관. 계양구에 생긴
최초의 극장으로 건물 4층에 있었다.
1996년에 폐관

계산예술극장

1989년 작전동 852-42 4층에 개관. 소
극장 규모로는 제법 큰 252석이었다.
2006년 폐관(현재 계산예술빌딩)

계양구에 있었던 극장들

──────── 남동구 2개

희망극장

1985년 희망백화점 3층에 164석으로
개관. 주로 어린이 영화를 상영했다.
2004년 희망백화점 부도로 폐관. 현재
올리브아울렛

간석극장

2002년 간석동에 개관. 비디오를 상영

옛 희망극장 자리

옛 간석극장 자리

남동구에 있었던 극장들

했던 소극장이었다.

2003년에 폐관

연수구 3개

IMC9

인형극장을 운영했던 김제순이 2002년 청학동에 IMC9을 개관. 2,416석으로 인천에서 가장 큰 규모였으며 전국 좌석수 극장 순위 11위였다.

2010년에 롯데시네마로 변경

송도유원지자동차극장

2002년 송도유원지 안에 송도유원지자동차극장 개업

카네마

1999년 동춘동에 개업. 카+시네마를 조합한 자동차극장명이다. 수용 차량은 120대였다.

옛 imc9 자리

옛 송도유원지 정문 현재 모습

송도 해안로변에 자동차 전용극장

인천 연수구 동춘동 송도 해안 도로변에 자동차 전용극장 '카네마'가 24일 문을 열었다.

차량 120대를 동시에 수용할 수 있는 이 극장 입장료는 1만2천원(승용차 기준)이다.

상영시간은 오후 7, 9, 11시 등 하루 3회다.

개관 기념작으로 '주유소 습격 사건'을 상영 중이다.

이 극장은 개관기념으로 입장객에게 기념품을 나눠주고 있다.

또 입장쿠폰 3장을 모아오는 사람에게는 1회 무료 입장권을 준다.
(032)885-4000   **유성보기자**

ysb1010@kyunghyang.com

1999년 12월 25일, 「경향신문」

연수구에 있었던 극장들

인천의 극장사를 연표로 총정리하였다.

1892년

송학동에 최초의 일본인 극장 인부좌
개관

중국조계지에 중국인 극장 개관

1895년

용동에 조선인이 설립한 최초의 극장 협
률사(애관극장 전신) 개관

1897년

1897년 이전 관동에 인천좌 개관. 곧바
로 송학동으로 이전

1901년

담배회사 영미연초회사에서 활동사진
상영

인부좌 기사(1892년 6월 5일 「조선신보」)

인천가부키좌, 출처: 경성부지권, 제공: 한상언

1905년

사동에 인천가부키좌 개관

1907년

인천좌 폐관

1908년

신생동에 죽원관 개관

1910년

1910년대 중국인 극장 대풍다원 운영

1911년

협률사에서 축항사로 변경

1914년

신포동에 표관 개관

1921년

축항사에서 애관으로 변경

1922년

송학동에 인천공회당 설립

1924년

애관을 신축하여 낙성식 거행

1935년

애관야구단 중조야구대회 우승, 애관
한해 입장객 15만 명 돌파
인천가부키좌 화재로 전소

1937년

신포동에 낙우관(동방극장 전신) 개관

1938년

낙우관이 동보영화극장으로 변경

애관 광고(1921년 3월 9일 「동아일보」)

1925년 1월 1일 「조선신문」

1940년

1940년대 초 동보영화극장이 인천키네마로 변경

1942년

인천영화극장(인영극장) 개관

1943년

부평영화극장 개관

1945년

표관이 미군정에 의해 해마극장(Sea Horse Theater)으로 변경

인천키네마가 동방극장으로 변경

1947년

해마극장이 문화관으로 변경

1948년

신흥동에 인천YMCA 설립

1949년

송현동에 항도극장 개관

1950년

애관, 문화관, 키네마극장, 공회당이 인천상륙작전 때 폭격으로 소실

1950년대 용사회관, 강화극장, 애스컴극장, 세계극장 개관

1951년

애관은 가건물로 극장 영업을 이어감

1952년

금곡동 성냥공장 자리에 문화극장 개관

인천키네마, 출처: 국사편찬위원회, 제공: 주희풍, 김식만

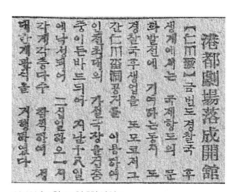

1949년 9월 22일 「한성일보」

1950년대 시민극장

1954년

애관 신축

강화공회당 개관

1955년

시민극장(인천극장 전신) 개관

문화극장 신축

1956년

부평영화극장을 개축하여 부평극장으로 개명

시민극장이 화재로 전소

1957년

시민극장 터에 인천극장 개관

인천공회당 자리에 시민관 신축

평화극장(미림극장 전신) 개관

산곡동에 서부극장 개관

항도극장 폐관

숭의동에 장안사 개관

1958년

평화극장이 미림극장으로 변경

장안사가 장안극장으로 변경

1960년

애관극장 신축, 애관에서 애관극장으로 변경

신흥동에 자유극장 개관

숭의동에 도원극장 개관

부평동에 금성극장 개관

1960년대 초 용사회관 폐관

1960년 애관극장 신장개관 광고

1960년대 중반 덕적도 북리에 가설 극
장 설립

1961년

문화관 자리에 키네마극장 개관

송림동에 현대극장 개관

인영극장 신축

1963년

서부극장이 백마극장으로 변경

부평역 옆에 대한극장 개관

1964년

용현시장 안에 한일극장 개관

1968년

시민관이 제일회관으로 변경

도화동에 아폴로극장(중앙극장의 전신)

개관

1970년

1970년대 초 제일회관 폐관

1971년

송현동에 오성극장 개관

1972년

인영극장 폐관

1973년

키네마극장 폐관

1974년

주안시민회관 설립

1975년

세계극장 폐관

키네마극장

백마극장, 출처: 국가기록원

1970년대 오성극장

아폴로극장이 허물어지고 중앙극장으로 신축

1976년

한일극장 폐관

1978년

용동에 인형극장 개관

장안극장 폐관

1979년

도원극장 폐관

1981년

동방극장 폐관

1983년

강화 중앙극장 개관

1984년

주안역 옆에 명보극장 개관

1985년

희망백화점 3층에 희망극장 개관

1986년

숭의동에 제물포극장, 스카라극장 개관

주안에 국도극장 개관

용현동에 인하씨네마 개관

시민회관 앞에 주안극장 개관

1987년

인영빌딩 3층에 태양극장 개관. 곧바로 동인천극장으로 변경

효성동에 효성극장 개관

인형극장

제물포극장

1988년

주안에 단성사 개관

청천동에 청천극장 개관

석남동에 석남극장 개관

강화 중앙극장 폐관

1989년

인천백화점

인천백화점 5층에 아카데미극장 개관

애관극장은 인천 최초로 70mm 영화관
으로 증축

인형극장은 UIP 직배영화 상영

부평동에 부평문화극장 개관

작전동에 계산예술극장 개관

1990년

용현동 하나로쇼핑센터 4층에 하나로극
장 개관

동암역 인근 동암시네마 개관

1990년대 말 새주안극장 개관

1991년

현대백화점

하나로극장 폐관

산곡동 현대백화점 5층에 현대시네마
개관

1992년

문화극장이 피카디리극장으로 변경

아카데미극장 폐관

1994년

백마극장 폐관

스카라극장 폐관

1995년

명보극장, 주안극장, 동암시네마, 현대시네마, 부평문화극장 폐관

1996년

오성극장이 시네팝으로 변경

인형극장 3개관으로 증축. 인천 최초로 3개관 운영

현대극장, 동인천극장, 인하씨네마, 금성극장, 효성극장 폐관

1999년

구월동에 CGV인천14 개관

송현동에 인천 최초의 자동차극장 시네마파크 개업

동춘동에 자동차극장 카네마 개업

2000년

주안시민회관 폐관

부평동 엡스201 5층에 엡스시네마 개관

2000년대 초 자유극장, 청천극장, 부평극장, 새주안극장 폐관

2001년

인천극장 폐관

부평역사에 부평키넥스5 개관

시네팝이 애관2로 변경

석남동에 두성극장 개관

2002년

청학동에 IMC9 개관

피카디리극장, 중앙극장, 자유극장 폐관

CGV인천14 개관 신문광고

IMC9 조감도

송도유원지 안에 송도유원지자동차극장
개업
간석동에 간석극장 개관
2003년
간석극장 폐관
청천동 아이즈빌아울렛에 네오씨네플렉
스10 개관
2004년
애관극장 5개관으로 증축
네오씨네플렉스10는 CGV부평10으로
변경
미림극장, 국도극장, 희망극장 폐관
주안에 맥나인(MAC9) 개관
2005년

미림극장 간판

인형극장 폐관
월미도에 자동차극장 영화의 땅 개업
2006년
맥나인은 프리머스주안으로 변경
계산예술극장 폐관
2007년
프리머스주안은 영화공간주안으로 변경
부평키넥스5는 부평역사 롯데시네마로
변경
2008년

영화공간주안

두성극장 폐관
2009년
애관2 폐관

2013년 미림극장

2010년

IMC9이 롯데시네마로 변경

2013년

미림극장이 추억극장 미림으로 재개관

2015년

강화작은영화관 개관

2020년

제물포극장 폐관

추억극장 미림은 인천미림극장으로 변경

2024년

애관극장, 미림극장, 대한극장, 영화공간주안, 강화작은영화관 상영 중

현재 애관극장

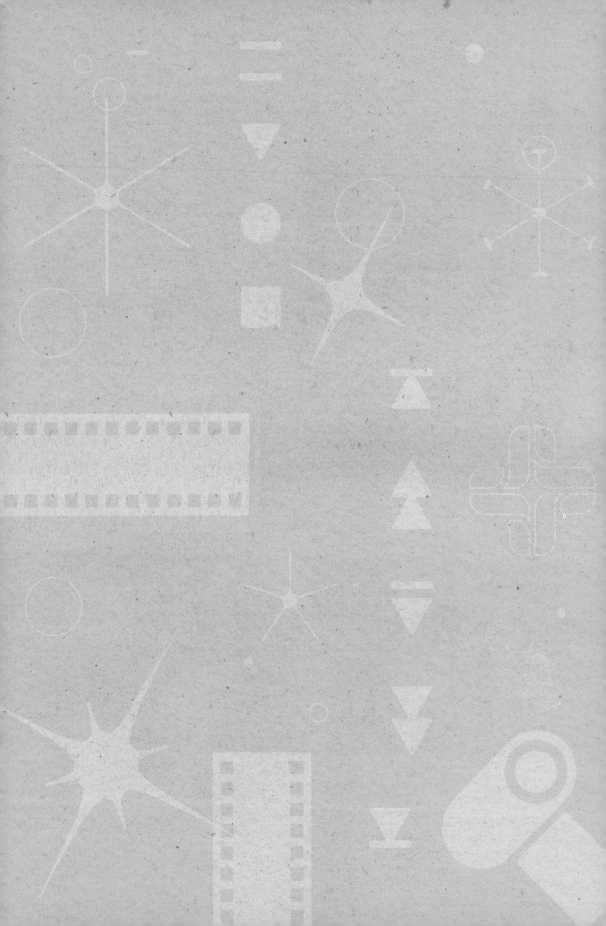

2

영화 도시 인천

1895년 협률사를 설립한 정치국과 1941년 인영극장을 설립한 이홍선은 묘하게 엮여
있다.

정치국(1865~1924)은 부산 출신이다. 당시 부산의 극장들은 일본인들 소유였
고, 조선인은 설립 기회조차 얻기 힘들었다. 정치국은 '기회의 땅'인 인천으로 이주

정치국과 이흥선

인천금융조합 현재 신포동 IBK기업은행 자리

정치국의 장례식, 출처: 인천사진대관 1956

인천상업전수학교 기념비석

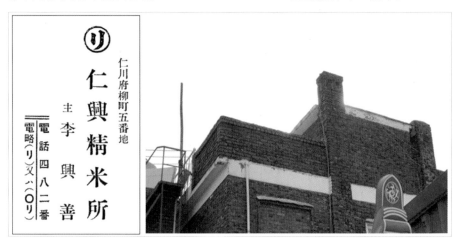

인흥정미소를 설립한 이흥선과 옛 인흥정미소 자리

하면서 눈여겨보았던 극장 사업에 진출하였다. 그게 바로 협률사다. 1900년 대한협동우선회사를 설립했고, 1903년 중추원 의관이었으며, 1906년 근업소를 창립했다. 1908년에는 인천 조선인상업회의소의 회두가 되는 등 인천을 대표하는 사업가로 활동했다. 1913년에는 인천보건조합장을 맡았다. 인천보건조합의 관할 범위에는 여인숙, 요리점과 함께 극장이 포함되어 있었기 때문이다. 1919년에는 인천금융조합장을 역임했다.

정치국은 도원동 18번지 대지를 기증하여 보각선원 창건에 힘을 썼고 인천부 사정에 있던 고아원을 도왔다. 1924년 그의 호화로운 장례식 사진을 보면 그가 얼마나 대단한 거부이자 세력가였는지 알 수 있다.

이홍선은 황해도 출신으로 9살에 인천으로 올라왔다. 미두거래소 사환으로 취직했고 성실했던 그를 눈여겨봤던 일본인 사장의 도움으로 1918년 유동에 인흥정미소를 설립했다. 1938년에는 인천 경제계 유지들과 뜻을 모아 인천상업전수학교를 세웠다. 지금 동산중·고등학교의 전신으로 인천 최초의 민족사학이었다. 그리고 1941년에 일본인과 합작해 인천영화극장(인영극장)을 설립했다. 인천의 10대 부호 반열에 거론될 정도의 거부였으며 근대 인천의 경제와 교육을 부흥시킨 큰 인물이었다.

정치국과 이홍선의 공통점은 타향 출신으로 인천으로 이주해 거부로 성장했고 극장을 설립했다는 것이다. 정치국은 1895년 애관의 전신인 협률사를 설립했다. 이홍선은 1941년에 인천영화극장(인영극장)을 설립했다. 정치국은 1906년 인천항 미곡 거래를 담당하는 근업소를 창립했고 이홍선은 1908년 미두거래소에 취직해 1918년 인흥정미소를 차렸다. 정치국은 1912년 도원동 대지를 기증하여 보각선원 창건에 기여했고, 보각선원에서 야학을 개설한 박창례는 이홍선의 도움을 받아 인흥정미소 자리에 동명학원을 열었다. 묘한 인연이 아닐 수 없다. 그 둘의 마지막 집도 같았다. 정치국이 살다가 세상을 떠났던 집을 이홍선이 사서 살았으며 이홍선 역시 그곳에서 별세했다.

인영극장

정치국과 이흥선이 살던 큰 기와집

정치국과 이흥선의 저택이 있던 곳, 현재 신포문화거리

1909년에 조선의 관기 제도가 폐지되면서 각 지역에 기생조합인 권번이 생겨났다. 인천에서는 애관극장 뒤 용동에 자리 잡았다. 초기에는 인천의 옛 지명 소성을 따서 소성권번이라 했다가 용동권번, 인천권번으로 바뀌었다. 당시 기생은 단순한 접대부를 떠나 연예인이었고 예술인이었으며 신여성이었다. 돈을 마련해 독립협회에 기부하였고 이재민들을 돕기도 했다.

복혜숙은 1904년 충남 보령 출신이다. 개신교 전도사였던 아버지를 따라 인천으로 이사 와서 영화소학교에 다녔다. 내리교회 성극에서 성모 마리아 역할을 맡기도 했다. 그 후 이화학당을 졸업하고 일본으로 건너가 여자기예학교를 나왔다. 그리고 18세 나이에 신극좌의 〈오! 천명〉으로 데뷔하여 한국 최초의 신극 여배우가 되었다.

복혜숙은 1922년에 토월회로 소속을 옮겨 대표 스타가 되었다.

영화 데뷔는 1926년 〈농중조〉로 신여성 역할이었다. 그리고 1927년 〈낙화유수〉로 더욱 이름을 떨쳤으며 주제가 〈강남달〉을 불러 크게 히트했다. 〈낙화유수〉는 인천 애관에서 상영했다.

"경성에서 화형 여배우로 또는 인기 기생으로 이름이 있던 복혜숙은 일금 8백

인천가부키좌에서 열린 인천예기권번연주회 기념사진

〈낙화유수〉 기사, 1927년 10월 7일 「매일신보」

토월회 공연 중인 복혜숙, 1925년 5월 3일 「동아일보」

복혜숙 19살 때,
1925년 4월 14일 「매일신보」

영화 〈수우〉 광고, 1947년 12월 7일 「제일신문」

사진 가운데 인물 중 오른쪽 안경 쓴 여인이 복혜숙, 1962년 스타의 밤, 출처: 대한뉴스

유신방, 출처: 국사편찬위원회

유신방의 마지막 작품 〈은하에 흐르는 정열〉,
출처: 한국영화데이터베이스

나운규와 유신방

유신방과 나운규, 1930년 2월 9일 「동아일보」

원을 받고 인천 용동권번으로 화적을 옮겼다." 1930년 12월 1일 잡지 「별건곤」 기사에 따르면 복혜숙은 1920년대 말 용동권번으로 옮기면서 다시 인천을 찾았다. 그후 3년 동안 머물렀다.

복혜숙은 1935년 〈춘풍〉으로 다시 영화 활동을 시작했고 〈반도의 봄〉, 〈감격의 일기〉, 〈자유만세〉, 〈수우〉, 〈검사와 여선생〉 등 수십 편의 영화에 출연했다. 그중 〈수우〉는 배우 최불암의 부친인 최철이 인천에 설립한 건설영화사 작품으로 인천 애관과 문화관에서 동시 개봉했다.

1962년 복혜숙 연기 생활 40주년을 기념하기 위해 '스타의 밤'이 열렸다. 그녀는 1982년 78세의 나이로 별세했고 보관문화훈장이 추서되었다.

오향선은 1904년 경남 안동에서 태어나서 인천에서 자랐다. 부모가 일찍 세상을 떠나자 용동권번으로 들어갔다. 고일 선생은 『인천석금』에서 오향선에 대해 다음과 같이 언급하였다. "한때 인천의 명기로 이름을 날렸던 오향선은 기악과 단가는 물론 바둑을 두고 바이올린도 켤 줄 알았으며 사군자도 치고 글씨도 잘 썼었다."

오향선은 나운규를 만나면서 운명이 바뀐다. 나운규는 오향선에 대해 이렇게 언급했다.

"유신방이라고 새로 나온 여자입니다. 인천에 놀러 갔다가 내가 발견했지요. 인천서 기생 노릇을 하던 여성입니다. 그러나 어느 여자고보를 마친 인테리 여성이었지요. 문학을 좋아하여 붓을 들어 시를 짓고 극도 썼으며 풍모도 교양이 있으니 마치 인테리의 근대적 여성으로 보였지요."

나운규가 영화 〈사랑을 찾아서〉 제작 준비차 인천에 갔을 때 인천 최고의 명기로 이름을 떨쳤던 오향선을 만났다. 나운규는 오향선을 서울로 데려가 살림을 차렸고 유신방이란 예명으로 1928년 〈사나이〉에 데뷔시켰다. 〈사나이〉는 애관에서 개봉되었다.

유신방은 〈벙어리 삼룡〉, 〈아리랑 후편〉, 〈철인도〉 등 계속해서 나운규 영화에 출연했다. 천재 나운규가 영화에 쏟아야 할 열정과 시간을 유신방에게 쏟아부었다

용동 칼국수 거리

1929년에 새겨진 용동권번 계단

용동권번 계단 위치

며 '조선 영화계의 요부'로 비난받았다. 그러나 여성 편력이 심했던 나운규에게 유신방은 사랑하는 여자 중 한 명에 불과했다. 환멸을 느낀 유신방은 영화계를 떠나 금강산에 들어가 수도생활을 했다.

1935년에 안종화 감독의 '은하에 흐르는 정열'로 복귀했지만 마지막 작품이 되고 말았다. 1940년대 들어서 용동권번은 문을 닫게 되었다. 그 후 유신방은 용동에 낙원이란 식당과 용궁이라는 바를 경영했다고 전해진다.

용동 한쪽 골목에 칼국수 거리가 있다. 한 기생 출신이 수양딸을 데리고 칼국수 집을 연 것이 시초라고 한다. 그리고 용동 어느 돌계단에 '용동권번'이란 글자가 새겨져 있다. 현재 유일하게 남아있는 옛 용동권번의 흔적이다.

3장

1920년대~1950년대 인천의 영화제작사들

예전 인천에는 영화제작사가 여러 곳 있었다. 1920년대에 설립된 인천문화극단을 필두로 혜성영화사, 건설영화사, 청구사진문화사, 성보영화사, 신광영화사, 국보영화사, 자유영화사가 있었다.

인천문화극단

인천문화극단에서 미두취인소를 배경으로 연쇄극 '연의 력'을 촬영하였다. 애관의 유명 변사였던 강성렬이 단장이었다.

혜성영화사

"혜성영화제작소 제1회 작품 '마도'를 촬영하려 대련행. 인천 혜성영화제작소에서는 조선 명화 '마도'를 촬영하기 위하야 김벽파, 한일송, 김연실 등 일행 10명이 대련을 향하는 공동환으로 인천을 떠났는데 약 1주일 예정으로 대련을 무대로 촬영하리라는바 일반의 기대되는 명화도 얼마 되지 아니하야 공연되라 한다."

(1935년 12월 11일 「조선중앙일보」)

無慮數百에達하야大盛況을일우
엇스며演士의氏名은左와如하다
李丙植君 宋秉根君 吳千植君
陳敬善孃 宋千珣君 吳泰植君

『戀의力』을撮影

【仁川】仁川文化劇團에서는今
般米豆取引所를背景삼고『戀의
力』이란連鎖劇을撮影中이라고

普校增築起債

【新義州】新義州普通學校本年

인천문화극단 기사. 1925년 8월 31일 「시대일보」

寫眞은=仁川慧星映畵製作所에서 第一回作品『魔都』를 撮影코자 大連으로 出發하는光景==

혜성영화사 기사. 1946년 8월 2일 「대중일보」

映畵

建設社第一回作品
無影의惡魔「로케」

시내 송학동(松鶴洞)
건설영화사(建設映畵社)
에서는 제一회작품으로
시●후원하에 "무영의
악마(無影의惡魔)"를
지난 七월중순서부터撮
影을 개시하여 방금월
미도를 비롯하여 시내
각처에서 "로케"를진
행중인데 금월초순까지
에 撮影을 완료하여중
순경에는 상영하게 되
리라한다 그런데 동작
품 "스탭"은
製作 ▲崔鐵 ▲演出 李
錦龍 ▲撮影 孫勇進
▲監修 金好善 ▲出
演 朱成澤 ▲崔仙 池
草夢으로 특히 "메
린스"대의가 특별출
연을 한다고한다
그리고 동사에서는 동
작품을 완성하는대로
곧 제二작품 "복수(復
讐)"를 제작코저 방
금 제반준비에 부망중

건설영화사 기사. 1935년 12월 15일 「조선중앙일보」

慧星映畵製作所
第一回作品
魔都를
撮影하려大連行

【仁川】인천혜성영화제작소
(慧星映畵製作所)에서는 조선
영화 마도(魔都)를 촬영하기위
하야 김벽파(金碧波)한一송(韓
一松)김연실(金蓮實)등 一행十
명이 대련을 향하는공동환(共
同丸)으로 인천을 떠낫는데
약 一주일 예정으로 대련(大
連)을 무대로 촬영하리라는바
一반의긔대되든 명화도 얼마되
지아니하야공연되리라한다

혜성영화사 기사. 1935년 12월 11일 「조선중앙일보」

한일송은 1935년 조선 최초의 토키영화 '춘향전'에 출연했고 김연실은 1927년 나운규프로덕션 제1회 작품인 '잘 있거라'로 데뷔하여 '임자 없는 나룻배', '청춘의 십자로' 등 여러 영화에 출연했던 배우 겸 대중가수였다. 대련은 중국 랴오둥반도 남단에 있는 해변 도시인데 안중근 의사와 신채호 선생이 순국하신 뤼순감옥이 있는 곳이다. 당시 해외 로케촬영을 했다는 것은 작품의 의미나 규모면에서 대단한 것이었다. 마도는 당시 상해를 말한다.

"사진은 인천 혜성영화제작소에서 제1회 작품 '마도'를 촬영코자 대련으로 출발하는 광경"

(1946년 8월 2일 「대중일보」)

출발 모습이 신문에 실릴 정도였다.

──────── 건설영화사

"건설영화사 제1회 작품, '무영의 악마' 로케. 시내 송학동 건설영화사에서는 제1회 작품으로 시 후원하에 '무영의 악마'를 지난 7월 중순서부터 촬영을 개시하여 방금 월미도를 비롯하여 시내 각처에서 로케를 진행 중인데 금월 초순까지 촬영을 완료하여 중순경에는 상영하게 되리라 한다…"

(1935년 12월 15일 「조선중앙일보」)

건설영화사는 배우 최불암의 부친인 최철이 현재 인성초등학교 자리에 설립했다. 그는 첫 번째 작품으로 '무영의 악마'를 제작했다. 월미도를 비롯하여 인천에서 촬영이 이루어졌다.

1947년에 최철은 '수우'를 제작했다. 흑백 35mm 영화로 복혜숙, 김소영, 전택이, 이금룡, 신카나리아 등이 출연했다. 순수 극영화가 아니라 항구의 조직 두목과 그를 개과천선 하려는 카바레 마담과의 이야기를 다룬 경찰 정책영화였다.

정의배 촬영감독은 최철에 대해 다음과 같이 말했다.

"최철이 제작한 '수우' 촬영현장에 간 적이 있었다. 인성초등학교 운동장 자리가 최철의 집이었는데 상해에서 왔다는 소문을 들었다. 검은 안경을 쓰고 키는 작았는데 체격이 땅땅했다. '수우'는 경찰청 후원으로 제작한 반공영화였다. 반도영화주식회사 사람들이 스텝이었다. 감독은 안종화, 촬영은 홍일명이었다. '수우'의 세트촬영은 최철의 큰 저택에서 했다. 일본식 저택 내부를 개조해서 영화 세트장면을 거의 그곳에서 촬영했다."

──────── 청구사진문화사

청구사진문화사(대표 김철세, 최성연)가 제작한 '심판자'가 동방극장에서 상영되었다. 독립투사인 이향이 외아들에게 자신의 뜻을 잇게 하려고 고된 훈련까지 시키면서 교육하는데 철이 없는 아들이 왜경에게 매수되어 동지가 숨어있던 곳을 알려주는 바람에 동지가 체포된다. 동지는 이향을 향해 반역자라고 욕하고 이에 이향은 외아들을 훈련장으로 끌어내어 총살하고 조국과 동지 앞에서 사죄한다는 내용의 영화다.

"영화 '심판자'를 도경서 상영금지. 지난 10일 상오 십시 시내 동방극장에서 최초로 봉절한 청구사진문화사 제작 영화 '심판자'는 봉절한 지 불과 하루 만에 도경찰국의 지시에 따라 상영을 금지하게 되었는데 이에 관하여 도경찰국장 장영복 씨는 동 영화 내용에 있어 불미한 점이 많아 부득이 상연을 금지하게 되었다고 엄명하였다."

(1950년 1월 15일 「국제신문」)

도경찰국은 영화 내용을 문제 삼아 동방극장에서 개봉했던 '심판자'를 상영 금지했다.

'수우' 광고. 1947년 12월 7일 「제일신문」

'심판자' 광고. 1950년 1월 7일 「대중일보」

정의배 전 촬영감독

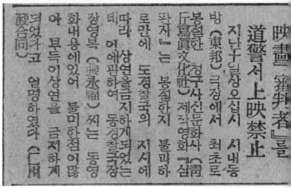

'심판자' 기사. 1950년 1월 15일 「국제신문」

'사랑의 교실' 광고. 1950년 4월 7일 「대중일보」

1948년 청구사진문화사를 설립한 최성연은 율목동 출생으로 인천 근대사의 고전 중 하나인 '개항과 양관역정'을 저술했다. 은영회라는 사진동호회 활동을 했으며 그가 남긴 사진은 인천 향토사의 중요한 사료가 되었다.

─────── 성보영화사

"사랑의 교실 성보영화사 초거작 인천 예술인들의 피땀 어린 고투의 결정!"

(1950년 4월 7일 「대중일보」)

성보영화사(대표 원용일)가 제작한 '사랑의 교실'이 동방극장에서 개봉되었다. 화가 김웅은 풍경화를 그리기 위해 어느 시골 마을에 머물면서 한 아이와 친해지고, 그의 어머니인 과부 남해연과 알게 되어 어느덧 사랑하는 사이가 된다. 그들은 사랑방에 어린이들을 위한 사랑의 교실을 꾸미고 자칫하면 삐뚤어지기 쉬운 어린이들을 불러 모아 착하고 아름답게 자라도록 선도한다. 이 영화의 시나리오작가 조수일은 조우성 시인의 부친이다. 그는 부친과 인천에 관해 다음과 같이 말했다.

"내 아버지(조수일)가 한국문인협회 초대 인천지부장을 하셨는데 원용일 감독의 '사랑의 교실' 시나리오를 쓰셨다. 그리고 이광수 원작의 '사랑'을 인천 여러 지역에서 촬영했는데 송현동 이화창고에 세트장을 마련하고 눈 내리는 장면을 촬영했다. 당시에는 서울을 빼고 자체적인 자본으로 영화를 제작, 촬영한 곳은 인천이 유일했다. 지금은 촬영을 유치한다면서 인천 배경의 영화들만 나오고 있다. 진정한 인천 영화가 앞으로 나오길 바란다."

─────── 신광영화사

인천 출신 김옥돈이 설립한 신광영화사 창립작품으로 '사랑'이 제작되었다. 허봉조 산부인과 원장집, 송학동 카바레 댄스홀 등 인천 곳곳에서 촬영되었고 특히 송현동 이화창고에서 병원 내부를 세트로 지어 촬영했다. 배우와 스텝들이 내동에 있던 연

최성연과 '개항과 양관역정'

조우성 시인과 이화창고 세트장

自由映畵社 기사. 1952년 9월 12일 「조선일보」

1957년 '사랑' 포스터

안여관에서 1년 가까이 머물며 촬영했다고 한다. 완성 후 애관극장에서 상영했다.

> "강화로케 완료. 문화영화 '복지'. 인천 이승하 씨의 노력으로 창립을 보게 된
> 당시 자유영화사에서는 문화영화 '복지'의 강화도 현지촬영을 마치고 극영화
> 촬영준비에 분망 중이다."
>
> (1952년 9월 12일 「조선일보」)

그밖에 '복지'를 만든 자유영화사가 있었고, 중앙동에 자리 잡은 국보영화사도 있었다. '날개 없는 천사'를 제작했다.

인천문화극단: 1920년대 설립. 연쇄극 '연의 력' 제작

혜성영화사: 1930년대 설립. '마도' 제작

건설영화사: 1940년대 최철이 송학동에 설립. '수우' 제작

청구사진문화사: 1940년대 최성연이 설립. '심판자' 제작

성보영화사: 1940년대 원용일이 설립. '사랑의 교실' 제작

신광영화사: 1950년대 김옥돈이 설립. '사랑' 제작

자유영화사: 1950년대 이승하가 설립. '복지' 제작

국보영화사: 1950년대 설립. '날개 없는 천사' 제작

1930년대 부평에 영화 스튜디오가 있었다.

"발성영화에 공헌 많은 경성촬영소를 고려와 동극에서 인수. 조선영화계에 있
어서 토키가 제작된 이래 조선발성영화 제작에 가장 많은 공헌이 있었던 경성
촬영소는 빛나는 9년 동안의 역사를 거듭하여 오던 중 이번 동소를 경영하던
분도주차랑 씨의 손에서 고려영화협회의 이창용 씨와 동양극장의 최상덕 씨
에게 촬영소와 부평에 있는 스튜디오까지 전부 양도하기로 계약이 완성되었
다 한다."

(1938년 11월 6일 「조선일보」)

경성촬영소는 '장화홍련전', '홍길동전', '춘향전' 같은 조선의 중요한 발성영화
가 촬영된 곳이다. 이러한 경성촬영소가 부평 스튜디오와 함께 고려영화협회와 동
양극장 양측에 양도되었다.

"영화촬영소 인천에 신설. 대륙정책의 병참기지로 그 사명이 날로 두터워지는 인천항을 중심으로 최근 대소공장이 그칠 사이 없이 진출함에 있어 앞날의 기대가 자못 성할 터인데 또한 공도 인천에 새로운 낭보가 있다. 경성 장곡천 정에 있는 분도주차랑 씨는 부천군 부내면 대정리에 사유림 일정칠단보를 매수하고 총 공비 삼십만 원을 들여서 영화촬영소를 세우려고 그 허가원을 경기도에 신청 중이던 바 요즘 그 허가가 나왔으므로 금추부터 건축공사에 착수하리라는 바 부평평야는 지금까지 군수공업의 공장은 많이 진출하였으나 영화촬영소의 진출은 처음이므로 일반의 기대가 적지 않다고 한다."

(1939년 7월 23일 「조선일보」)

당시 부천군 부내면 대정리는 현재 동수역 인근이다. 와케지마 슈지로(분도주차랑)는 그곳의 땅을 매입하여 영화촬영소를 세웠다. 앞선 1938년 기사에서 그는 부평 스튜디오를 고려영화협회와 동양극장에 팔았는데 이 기사에 따르면 부평에 새로운 영화촬영소를 설립하려고 한 것이다.

"경성촬영소 이전. 스튜디오 신축은 내년 봄. '춘향전'을 톱으로 하여 '국경', '애련송' 등 조선영화를 이십여 개나 제작해낸 고려영화사 소유 시내 본정 경성촬영소는 드디어 최근에 이전하기로 결정하고 (중략) 새 스튜디오는 내년 봄 교외 부평에 사놓은 오천이백 평 되는 터에다 건설하리라 한다."

(1939년 10월 10일 「조선일보」)

불과 1년 전에 경성촬영소를 인수한 고려영화사가 부평으로 촬영소를 이전하기로 했다. 고려영화사의 전신이 고려영화협회다.

"고영(고려영화사) 부평촬영소 드디어 공사착수. 시내 고려영화사에서는 부평의 일만일천 평의 촬영소 건축지를 드디어 지난 팔일부터 터를 닦기 시작하였다는 바 오는 이십삼일 오후 세시에는 동사의 전속 감독과 배우, 영화인협회

發聲映畫에 功獻만든

京城撮影所를

高麗와 東劇에서 引受

1938년 11월 6일 「조선일보」

映畫撮影所

仁川에 新設

1939년 7월 23일 「조선일보」

동수역 사거리

흥행협회 관계자들을 초대하여 성대하게 지진제를 열리라 한다."

(1940년 6월 9일 「조선일보」)

지진제는 건축, 토목공사에 앞서 토지의 영을 진정시키고 공사의 안전을 기원하는 일종의 제사다.

"기업화하는 고려영화. 부평촬영소의 지진제도 성대. 고려영화의 부평촬영소 지진제는 예정대로 지난 23일 오후 2시부터 인천서 신식으로 성대히 거행되었다. 이로써 고려영화사는 경성, 남대문을 합하여 3개소의 촬영소를 가지게 되는 것인데 동 촬영소는 필지 만이천 평 건평 사천 평이라는 조선에서는 처음 보는 대규모의 것으로 우선 착공은 사원주택부터 시작하여 일 개월 안에 전부 준공할 것이라는바…"

(1940년 6월 25일 「매일신보」)

고려영화사 관계자와 감독과 배우들이 모여 성대한 지진제가 진행되었다. 부평촬영소는 필지가 만이천 평으로 당시 조선에서 가장 큰 규모였으며 서울과 가까워서 접근성이 좋았다. 현재 동수역 인근에는 정말로 촬영소가 이 인근에 있었을까 의심이 들 정도로 아무런 표지판이나 흔적이 남아있지 않다. 아울러 그곳에서 어떤 영화가 촬영되었고 언제 폐관된 것인지 혹은 촬영소가 완공이나 된 것인지 더는 부평촬영소에 대한 자료를 찾아볼 수가 없다.

대신 동수역 바로 앞에 이런 표지판이 있다.

"1950년대 이후 부평에 미군 부대(ASCOM)가 본격적으로 주둔하며 영내에 40여 개의 클럽이 생겨났고 1950년대~70년대 중반까지 삼릉(부평2동)에는 수많은 음악인들이 꿈과 삶을 찾아 전국에서 모여들었다. 당시는 교통이 여의치 않아 직접 제무씨(GMC) 미군 트럭을 보내 미8군 오디션에 통과한 뮤지션들을 미군 클럽으로 출퇴근시켰는데 이렇게 출퇴근을 위해 모이던 장소를 픽

1939년 10월 10일 「조선일보」

1940년 6월 9일 「조선일보」

1940년 6월 25일 「매일신보」

미8군 클럽 음악인 픽업 장소 표지판

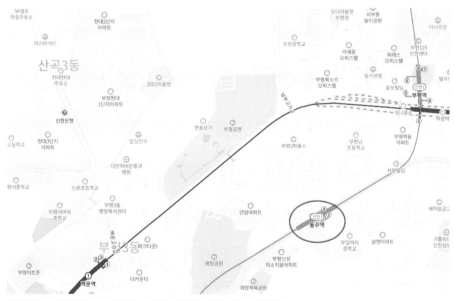

부평촬영소가 있었던 동수역 인근. 그리고 산곡동 일대가 애스컴이었다.

업 장소라고 불렸으며 바로 이곳 예전 삼부약국 앞이 픽업 장소였다. 픽업을
위해 줄 선 트럭이 10여 대가 넘었으며 부평뿐만 아니라 인근 경기·인천지역
미8군 클럽으로까지 음악인들을 실어날랐다 하니 얼마나 많은 음악인들이
삼릉에 거주했는지 짐작해볼 만하다. 미8군 부대를 거쳐 K-POP의 원류가 된
1세대 음악인들의 마음에 부평과 삼릉은 영원히 음악 동네로 각인되어 있을
것이다."

애스컴(ASCOM)은 미 군수지원 사령부(Army Support Command)로 일제 조병
창 자리였다. 1930년대 말 중일전쟁이 터지면서 일제는 무기를 만들기 위해 부평에
조병창을 설립했다. 일본이 해외에 무기공장을 지은 것은 부평이 최초였다. 일제 패
망 후 미군정이 들어서면서 조병창은 미군기지로 바뀌었다. 애스컴 주변에는 미군
들을 위한 유흥업소가 즐비했고 그곳 클럽에서 일하기 위해 내로라하는 음악인들
이 몰려들었다. 당시 음악인들은 미군 무대에 오르기 위해 오디션을 통과해야 했고
미군 부대 클럽에서 연주하는 것이 꿈이었다. 당시 클럽에서 벌어들인 수입이 대한
민국 수출 소득보다 높았을 정도였다. 신중현, 배호, 한명숙, 윤항기 등 당대 가수들
이 그곳에서 노래했다.

5장

애스컴시티와
애스컴극장

1920년대 초 부평 산곡동 일대에 부평연습장이 설치되었고, 그곳에서 일본군이 포격 연습을 했다. 이후 1939년 이곳에 일본 육군의 병기 제조소인 조병창이 설치되었다.

1945년 해방 후에는 미군 제24군단이 이 부지를 애스컴시티로 이름 짓고 운영했다. ASCOM은 군수 지원 사령부라는 뜻인데 Army Service Command의 약자다.

부평연습장, 출처: 부평역사박물관

애스컴시티, 출처: 부평역사박물관

1949년 2월 4일 「경향신문」

1961년 7월 22일 「조선일보」

1961년 12월 21일 「경향신문」

1962년 12월 25일 「조선일보」

1960년대 스낵바와 애스컴극장(오른쪽)

캠프 마켓 정문

캠프 마켓 B구역 안내도

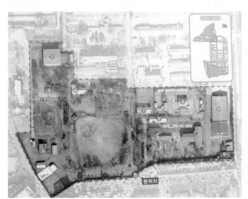

당시 극장이었던 곳

1949년 당시 면사무소 서기 월급이 4,000원으로 쌀 두 가마 가격이었다. 그런데 놀랍게도 애스컴 요원 월급이 22,000원 이상이었다. 한국전쟁 후 애스컴은 캠프 마켓, 캠프 테일러, 캠프 그랜트 등 7개 구역으로 구성되었다. 부대 안에는 군사시설과 함께 미군을 위한 클럽, 도서관, 병원, 체육관, 교회, 야구장, 극장 등이 생겼다.

> "미군극단 공개공연. 대한적십자사 마련으로. 대한적십자사에서는 주한미군과의 친선교류를 위하여 미군극단 '애스컴'의 공연을… (중략) 상연할 연극은 미들마스와 홀의 합작인 '용감한 사형인'과 카워드 작인 희극 '레드펩퍼'다."
>
> (1961년 7월 22일 「조선일보」)

이 기사를 통해 애스컴에 미군극단 애스컴이 존재했다는 것을 알 수 있다.

당시 미국의 유명한 영화배우 겸 가수인 대니 케이가 크리스마스 때 미국 사병들을 위문차 내한해 부평 애스컴 '이즈 서비스 클럽'에서 공연했다.

봅 호프와 라나 타나도 주한 유엔군 위문공연을 위해 내한했다. 부평 애스컴 노천무대에서 막을 올렸는데 영하의 추위에도 불구하고 미군들이 열광했다.

이곳에서 상영되었던 영화필름은 인근 백마극장에서 상영되기도 했다.

1973년에 미군 병력이 경북 왜관 등으로 이전하면서 애스컴시티가 해체되었다. 부평에는 미군을 위한 빵과 과자를 만드는 캠프 마켓만이 남았고, 2020년에 캠프 마켓 일부 구역이 일반 시민에게 개방되었다.

11번 건물은 극장과 연회장으로 사용되다가 최종적으로 사무실로 용도가 바뀌었다. 일제강점기에는 조병창 본부 혹은 조병창 병원이었을 것으로 추정된다. 미군이 주둔하면서 극장, 연회장, 사무공간 등으로 이용했다. 2021년 한국내셔널트러스트에서 선정한 꼭 지켜야 할 문화유산에 인천도시산업선교회, 미림극장과 함께 조병창 병원이 선정되었다.

1. 당시 극장으로 활용
   되었던 건물
2. 건물 입구
3. 건물 뒷면
4. 건물 설명 표지판

6장

인천YMCA와 용사회관

—————————— 인천YMCA(1948년~현존)

오광철 선생을 통해 인천YMCA에 영화를 상영하는 공간이 있었다는 것을 처음 듣게 되었다.

오광철 전 인천일보 대표

"신흥동 처녀목욕탕 바로 옆 인천YMCA회관에서 16mm 영화를 상영했었다. 본관이 있고 뒤쪽에 영화를 상영하는 별도의 공간이 있었다. 인천YMCA가 설립된 것은 1948년이었다. 한국전쟁 때는 피난민 구호에 힘썼다. 북에서 월남한 실향민들 특히 기독교인들은 신흥동 YMCA 사무실을 찾아 등록업무를 통해 가족이나 지인들을 상봉할 수 있었다. 그리고 사무실과 연결된 허름한 벽돌 창고는 영사실로 활용되어 16mm 영화가 돌아갔고 한편에서는 우유죽을 배급했다. 대형 깡통과 주전자를 든 어른과 아이들이 줄서서 차례를 기다렸다."

2004년 경인일보는 인천YMCA에 대해 다음과 같은 기사를 실었다.

"인천YMCA는 해방 직후인 1948년 10월 20일 제일장로교회 설립자인 이기혁 목사와 장로들이 주축이 된 인천기독교청년회로 첫발을 내디뎠다. 당시 미군정청 고문관이던 피치(Pitch. Dr.) 박사가 일본 적산가옥 부지(중구 신흥동 42)를 제공하면서 인천에도 영어강습과 영화상영 등이 활발히 이뤄지기 시작했다."

초기 인천YMCA에 대한 자료는 거의 남아있지 않다. '1948. 10. 20 인천 기독교청년회(중구 신흥동 42번지) 현 중구 서해대로 449번길 12'라는 연혁만 나와있을 뿐이다. 해방 직후 전쟁을 겪었던 시대 상황을 고려하더라도 안타까운 점이 아닐 수 없다.

오광철 선생께서 옛 인천YMCA 자리를 직접 안내해 주셨다.

한번은 옛 극장 사진을 찾기 위해 중구청에 연락했더니 역시나 없다는 답을 들었다. 중구는 인천의 원도심으로 애관극장, 동방극장, 키네마극장, 인영극장, 인형극장, 시민관 등등 수많은 극장들이 있

옛 인천YMCA 자리. 현재 인천YMCA는 구월동에 있다.

었다. 그런데도 옛 사진 한 장조차 보관되어 있지 않다. 자료를 찾다보면 인천에는 체계적인 아카이브가 없다는 것에 안타까움을 느낄 때가 많다. 인천시가 자랑하는 '최초의 도시, 최고의 도시 인천'은 가장 기초가 되는 '디지털 아카이브' 구축 없이는 허황된 구호에 그칠 것이다.

──────── 용사회관(1950년대 초~1960년대 초)

1950년 한국전쟁 후 설립된 용사회관은 말 그대로 상이용사를 위한 회관이었다. 다목적 공간이었는데 주로 영화를 많이 상영했고 그 수익금으로 상이용사들을 도왔다. 상이군경용사회에서 직접 운영했으며 인천 외에 다른 도시에도 설립되었다.

김윤식 시인

김윤식 시인은 "도원동 어묵공장 골목 쪽 샛길에 용사회관이 있었는데 무척 허름한 극장이었다. 외곽 전면만 극장 모습이었지 천막 지붕에 관람용 의자가 부족해서 맨땅에 가마니나 포댓자루를 깔고 앉아서 보던 극장이었다. 인어공주가 나오는 무성영화를 본 적이 있는데 높다란 영사실 창문 옆에 앉아 떠들던 변사가 생각난다"고 용사회관을 기억했다.

이원규 소설가

이원규 소설가는 "형과 함께 도원동에 있었던 용사회관에도 갔었는데 붉은색 페인트로 쓴 세로 간판을 단 목조 건물이었고 입장료가 장안극장의 1/3 값이었다. 변사가 해설하는 무성영화를 가마니를 깔고 앉아 봤는데 걸핏하면 필름이 끊어져 영화가 중단되곤 했다"고 회고했다.

　　김남석 부경대 교수는 용사회관에 대한 연구조사에서 "용사회관은 미군부대에서 유출된 16mm 필름을 상영했는데 이들 영화는 국내 개봉 이전 또는 개봉조차 하지 않은 것들이 많았다. 하루 2~3회 불규칙적으로 상영했지만 저렴한 입장료 때문에 학생 출입이 잦았고 영화는 한글 자막과 사운드를 지원하지 않았다. 당연히 영사실 옆에 자리한 변사의 연행을 수반하였다. 용사회관은 건물 외곽에 극장 표식만 했을 뿐, 의자도 없어 계단식 흙바닥에 가마니를 깔아 놓은 천막 형태의 가건물에 가까웠다. 용사회관은 1960년대 초반까지도 인기를 누렸는데 이들 극장이 상영한 서부극 장르의 특성 즉, 명확한 선악 구도와 감각적인 화면 구성 때문이었다"고 언급했다.

　　도원동에서 40년 넘게 살고 계신 윤인섭씨는 용사회관에 대해 이렇게 이야기 했다.

"용사회관은 전쟁 후 생겼다가 한 10년 정도 하고 없어졌다. 한국영화를 본 적이 있는데 흑백영화였다. 용사회관은 작았고 지붕이 둥글다. 볼품없는 극장이었는데 어느 날 갑자기 없어지더니 그 건물 그대로 방을 만들어서 사람들에게 월세를 놓았다. 나중에 불이 나서 건물이 없어졌다."

도원동 주민 윤인섭

　　용사회관 폐관은 1960년대 초로 추정된다. 담장이 있는 공터로 남아있는데 건축자재들이 쌓여있다.

오광철 선생께서 용사회관의 위치도 정확하게 알려주셨다.

담장이 있는 공터로 남아있는데 건축자재들이 쌓여있다.

옛 용사회관 자리

인천미국공보원은 소속 영화부에 영화상영 순회반을 설치하여 인천 곳곳을 찾아다니며 영화를 틀었다. 어쩌다 하는 행사가 아니라 상당한 기간과 횟수로 영화상영을 했다. 그리고 공보원 건물 안에 영화를 상영할 수 있는 작은 극장도 있었다.

미국공보원은 해방 후 서울을 시작으로 인천, 부산, 개성, 전주, 대구, 대전 등에 설치되었다. 국제뉴스 상영 및 전시회, 다큐멘터리와 교육영화 상영, 강연, 연극공연 그리고 영어교육도 주요한 활동 중 하나였다.

인천미국공보원은 1898년 러시아 건축가 사바찐이 설계한 홈링거양행 건물에 해방 후 들어섰다. 벽돌로 지어진 2층 건물에는 도서관, 음악감상실, 극장이 있었다. 임응식 사진작가는 한국전쟁 당시 미국공보원 소속으로 인천상륙작전에 종군기자로 참여했다. 그래서 귀중한 옛 인천 사진 중에 임응식 선생의 작품이 많다. 현재 호텔 아띠가 옛 인천미국공보원 자리다.

인천미국공보원은 1954년에 인천한미문화관으로 변경되었다. 1953년 현재 제물포구락부 자리에 인천시립박물관이 설립되었는데 그 건물 한쪽에 인천한미문화관을 세웠다. 김남석 교수에 의하면 인천한미문화관에는 영화부, 미술부, 음악부, 도서부, 사진부 등이 있었는데 그중 가장 활동적인 부서가 영화부였고 영화부는 1954

미국공보원의 영화제작과정과 상영 모습, 출처: 국사편찬위원회

1948년 인천미국공보원 개원식, 출처: 국사편찬위원회

1950년 인천미국공보원, 출처: 임응식 사진작가, 화도진도서관

가운데 건물이 옛 인천미국공보원 자리

인천한미문화관, 출처: 인천사진대관 1956

야외상영 당시 인천시민들

인천문화원

제물포구락부 내부

제물포구락부

인천 미국공보원과 인천 한미문화관이 있던 곳

년 4월부터 12월까지 9개월 동안 총 526회에 이르는 순회 영사를 통해 266,340명의 관람 인원을 동원했다. 영화상영은 인천한미문화관 본관과 시청 그리고 각 학교와 인천YMCA회관, 고아원 등에서도 이루어졌다.

당시 인천한미문화관의 영화상영은 전쟁 후 빈곤에 시달리는 인천시민들에게 큰 위안을 주는 동시에 계몽사업의 일환이었다. 학교 운동장이나 마을 공터에서 대규모로 이루어졌으며 상영된 영화를 통해 미국문화를 전파하는 효과를 보았다.

1957년 인천한미문화관이 인천문화원으로 변경되고 시영에서 민영으로 전환되었다. 1990년에는 인천시립박물관이 옥련동으로 박물관을 신축하여 이전했고 인천문화원은 2006년까지 사용되다가 2007년에 제물포구락부로 바뀌었다.

국민배우인 최불암은 인천 출신이다. 그의 부친인 최철은 인천에 건설영화사를 설립해 인천에서, 인천을 배경으로, 인천 스텝과 배우로, 인천영화를 제작했다. 어린 최불암은 당시 상황을 이렇게 기억하고 있었다.

배우 최불암

데쉴러 저택

"1940년에 인천 금곡동에서 태어났다. 해방 후 아버지께서 중국 상해에서 큰돈을 벌어오셔서 지금 인성초등학교 자리에 집 겸 사무실로 건설영화사를 차리셨다. 옛날 고관대작의 집이었던지 경치가 참 좋았고 집이 워낙 넓어서 다리를 건너 들어가야 할 정도였다. 안채, 바깥채 따로 있었는데 거기에 주거와 함께 회사를 차리신 거다. 배우들이 와서 기숙할 정도로 넓었다."

최불암의 집은 하와이 이민사업자 데쉴러의 사택이었다. 데쉴러는 1902년 하와이 사탕수수 경영자들의 대표로 조선에 왔다가 주한미국공사 앨런의 도움으로 하와이 이민모집회사인 동서개발회사를 설립하여 큰 부를 축적한 인물이다. 그 집은 나중에 우로꼬라는 일본 요정으로 사용되다가 해방 후 적산가옥으로 최철이 인수했다. 그 후 제일교회의 다비다모자원으로 사용되다가 철거되었다. 현재 인성초등학교 자리다.

최불암의 모친인 이명숙은 대한제국 궁내악사의 딸이었다. 최불암의 배우 인생에 부모의 영향이 컸을 것이다.

건설영화사는 자체적으로 남녀배우 연구생을 모집했다. 일종의 기획사인데 최철은 단순한 영화제작을 떠나 전반적인 영화시스템을 구축하려고 했다.

"건설영화사 제1회 작품, '무영의 악마' 로케. 시내 송학동 건설영화사에서는 제1회 작품으로 시 후원하에 '무영의 악마'를 지난 7월 중순서부터 촬영을 개시하여 방금 월미도를 비롯하여 시내 각처에서 로케를 진행 중인데 금월 초순까지 촬영을 완료하여 중순경에는 상영하게 되리라 한다…"

(1946년 8월 2일 「대중일보」)

최철은 건설영화사를 설립하자마자 첫 번째 작품으로 '무영의 악마'를 제작하였다. 월미도를 비롯하여 인천 곳곳에서 촬영이 이루어졌다. 기사를 보면 다음 2회 작품으로 '복수'를 제작준비 중이라고 나온다.

그러나 건설영화사의 2회 작품은 '조국을 위하여'였다. 인천에서는 문화관(표관

최불암의 집이 있던 곳. 현재 인성초등학교

최철, 최불암, 이명숙

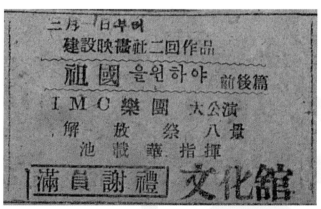
1946년 8월 2일 「대중일보」   1947년 3월 5일 「대중일보」

의 후신)에서 상영되었다. 그러나 아쉽게도 두 편의 작품은 원본도 더 이상의 기록도 남아있지 않다.

1947년에 최철은 3번째 작품인 '수우'를 제작했다. 흑백 35mm 영화로 김소영, 전택이, 이금룡, 신카나리아 등이 출연했다. 순수 극영화가 아니라 항구의 조직 두목과 그를 개과천선 하려는 카바레 마담과의 이야기를 다룬 경찰 정책영화였다.

최철은 '수우' 개봉을 준비하던 중에 갑자기 세상을 떠났다. 그때 그의 나이 35세였다. 최불암은 그때를 이렇게 기억했다.

"아버님이 서울 상영 때문에 서울 남산 회현동 어느 호텔에 머무셨는데 거기 서 갑자기 돌아가셨다. 나는 어머니와 함께 아버님을 운구하여 인천에서 장례 식을 치렀다. 영정사진을 들고 동방극장 시사회에 참석했는데 맨 앞자리에 앉 았던 기억이 난다."

이명숙은 생계를 위해 동방극장 지하에 등대다방을 차렸다. 등대다방은 그 당시 인천 문인과 예술인들의 아지트였다. 최불암은 어머니 덕분에 동방극장을 제집처럼 드나들 수 있었고 장 콕토의 '미녀와 야수' 등 많은 영화를 볼 수 있었다. 영화를 보고 나면 친구들과 선생님에게 영화 얘기를 하곤 했다. 그러다가 1950년대 중반에 이명숙은 최불암을 데리고 서울로 이사를 하여 명동에 은성이라는 주점을 차렸다. 은성도 가난한 예술가들의 아지트가 되었다. 명동백작으로 불렸던 소설가 이봉구와 변영로, 박인환, 김수영, 천상병, 박봉우 그리고 화가 손응성, 이종우, 김환기 등 다양한 문화예술인들이 은성을 자주 찾았다.

최불암은 2014년 KBS 프로그램 '한국인의 밥상'을 촬영하기 위해 인천에 왔을 때 동방극장을 찾았다. 그때는 동방극장이 사라지고 상가가 들어섰을 때였다.

"동방극장에 가보고 싶다고 하니까 (한국인의 밥상) 제작진들이 극장의 형체 도 없고 흔적조차 찾을 수 없다고 가볼 필요도 없다고 했다. 그래도 꼭 보고 싶다고 해서 극장 앞에서 이 자리가 옛날의 동방극장이었다고 소개한 적이

映畵

建設社第一回作品
無影의惡魔「로케」

시내 송학동(松鶴洞) 건설영화사(建設映畵社)에서는 제一회작품으로 무영의 악마(無影의惡魔)를 시내 수원하에 지난 七월중순서부터 撮影을 완료하여 금월중에 동작리라한다 '스탑'은 비롯하여 시내 미로를 개시하며 반금월 순경에는 상영하게 되는데 그런데 撮影을 완료하여 금월 作品의 出演스탑은 △製作 崔鐵 △演出 李 △監修 金好善 △撮影 孫勇進 △出演 李 池錦龍 朱成澤 草夢으로 特히 '메린스'대의 演員가 特別出演을 한다고한다 그리고 동사에서는 동작품을 완성하는대로 連히 二作品 '복수(復讎)'를 제작코저 방금 준비에 부망중이라한다

1946년 8월 2일 「대중일보」

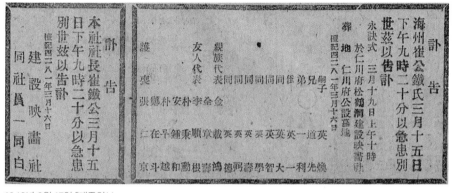

1948년 3월 17일 「대중일보」

영화 '수우' 광고, 1947년 12월 7일 「제일신문」

1952년 등대다방에서 열린 인형전시회

영화 '수우'의 한 장면

예전 동방극장 자리예요

KBS 한국인의 밥상 182회 한 장면

있었다. 예전 극장 앞길이 꽤 넓은 길로 기억되었는데 가서 보니 참으로 좁게 만 느껴졌다.”

최불암의 집이었던 곳과 옛 동방극장 위치

9장

인
천
의

영
화
광

이
광
환

2014년 송현동 수도국산달동네박물관에서 특별기획전시로 '인천의 영화광'을 개최
했다. 인천의 영화 산업을 재조명하는 시간으로 영화광이었던 이광환 씨의 일기자
료와 1945년부터 1970년까지 인천에서 상영된 흥행영화 포스터들을 전시했다. 이광
환의 일기에는 26년 동안 총 456편의 영화가 기록되었다. 많은 인천시민들이 영화
를 좋아했지만, 이광환이야말로 진정한 인천의 영화광이었다.

그중 애관극장에서 92편을 보았다. 일기 중 몇 글을 소개한다.

"1955년 7월 19일. '풍운의 젠다성'. 동방극장.
비는 내리고 점심시간이 되니 밥보다는 영화 구경을 더 하고 싶어서 동료들과
함께 점심시간을 넘겨 조마조마한 불안한 마음으로 감상하였다."

이광환은 점심 대신 영화를 볼 정도로 영화를 좋아했다. 직장인 입장에서 점심
시간을 넘겨서 영화를 보고 있으니 일기 그대로 조마조마했을 것이다.

"1955년 11월 2일. '타이콘데로가의 요새'. 애관극장.

수도국산달동네박물관

이광환, 제공: 이광환 유가족, 수도국산달동
네박물관

이광환 일기, 제공: 이광환 유가족, 수도국산달동네박물관

'풍운의 젠다성' 포스터

이광환 일기 중에서 영화 본 것을 간추린 것, 제공: 수도국산
달동네박물관

입체영화가 서울에서 상영된 후 처음으로 인천 애관에서 상영하게 되어 회사에서 퇴근하자 이호균, 변군과 같이 애관에 들어가 처음으로 미국 입체영화 '타이콘데로가의 요새'를 감상하였다. 입장료는 안경대 50환을 포함하여 850환이었으며 안경을 쓰고 보니 과연 입체감이 났고 날아오는 화살과 도끼에 몇 번이나 깜짝깜짝 놀랐다."

이광환의 일기에는 사적인 영화감상을 뛰어넘어 곳곳에 인천 극장사의 흔적이 남아있다. 애관극장에서 인천 최초로 입체영화가 상영된 것도 이광환의 일기를 통해 알 수가 있었다.

"1957년 2월 18일 월요일. 날씨 눈 온 후 맑음.
송학동에 있는 카바레 댄스홀에서 신광영화사가 촬영하는 영화, 춘원작 '사랑'의 한 장면을 보았다. 촬영장에는 감독 이강천, 배우 나애심, 안나영 등이 있었다."

"1957년 6월 4일. '사랑'. 신광영화사. 애관극장.
이 영화는 인천에서 지난겨울에 촬영한 것이라 더욱 보고 싶었다. 로케이션할 때 현장에서 실지로 본 장면이 많기 때문이었다."

이강천 감독의 '사랑'은 김진규, 허장강 등이 출연했는데 인천에서 인천 스텝들이 합숙하며 촬영한 영화였다. 인천제철 앞 이화창고에서 병원 내부를 세트로 지어 촬영했다.

"1958년 2월 28일. '세일즈맨의 죽음'. 미국 콜롬비아사. 동방극장.
여지껏 영화감상을 한 중에 제일 감격의 느낌을 주는 영화였다. 월급쟁이는 동서간에 있어 미국인도 마찬가지이니 참으로 한심하였으며 영화의 한 장면 한 장면이 눈물을 나오게 하였으며 가슴을 뭉클하게 하였다."

'사랑' 포스터

삽화 김혜민

'세일즈맨의 죽음', 출처: 한국영상자료원

이현식 문학평론가

한 가정의 가장이고 직장인으로 살아갔던 이광환의 심정이 잘 묻어나오는 대목이다.

이현식 문학평론가는 이광환 일기의 의미에 대해 다음과 같이 언급했다.

"이 일기장은 한국영화사 연구에도 매우 중요한 기록이다. 특히 한국영화 이외에 수입 영화에 대한 기록이 변변치 못한 상황에서 이런 기록은 사료적 가치가 있다. 한국영화사 연구에서 수입된 영화에 대한 실증적 자료가 정리된 것은 아직 없는 것으로 알고 있다. 이 기록장에는 영화 제목 이외에도 제작국이나 제작사, 배우와 출연진, 영화를 본 영화관이 기록되어 있다. 1945년 1월부터 기록되어 있어서 해방 전에 상영된 외국 영화와 일본 영화에 대한 정보도 일부 얻을 수 있다는 점이 특징이다. 영화는 소시민인 이광환에게 무엇과도 바꿀 수 없는 취미이자 생활의 여유를 찾을 수 있는 즐거움이었다. 그 당시 사람들은 영화를 보며 감동하고 즐거워했으며 일상의 복잡한 일들에서 벗어나 자신을 사색하는 시간을 가지기도 했는데 이광환 씨도 그런 사람들 가운데 하나였다."

인천의 영화광 이광환이 있다면 인천의 극장왕은 유제환이었다. 그는 인천극장을
시작으로 중앙극장, 맥나인, 백마극장, 한일극장, 서울 청량리 대왕극장, 부천 신세
계극장 등을 운영했으며 영화사를 설립하여 영화제작까지 했던 진정한 극장왕이었
다. 유제환은 학산문화원 초대 원장을 역임했고 학산문화원에서 발행한 '주안 역사,
공간, 일상'이란 책자에 그의 구술 기록이 실려있다.

유제환은 1945년 고향인 충청도를 떠나 인천으로 올라왔다. 그때 그의 나이가
14세였다. 중앙동에서 가게를 했던 그의 삼촌을 도왔고 한국전쟁 때 자원입대를 했
다. 제대 후에는 다시 인천으로 돌아와 신흥동에서 시멘트 가게를 했다. 그때 인천
극장을 운영하는 사람이 시멘트를 사러와 인천극장에 화재가 났는데 그걸 복구해
서 경영할 생각이 없냐고 물었고 유제환은 자신이 가진 돈으로 인천극장을 인수하
였다. 그게 유제환의 극장업의 시작이었다. 인천극장의 전신은 시민극장이었는데
1955년 김태훈이 세운 것으로 1956년 화재로 전소되었고 1957년 시민극장 터에 인
천극장이 신축되었다.

유제환은 15년 동안 인천극장을 운영하다 자연스럽게 서울의 영화계와 인연이
닿았고 신필름과 연결하여 영화판권 사업을 했다. 그리고 1964년에는 유한영화사

를 설립했다. 영화배급도 하면서 영화제작까지 하기 위해 만든 영화사였다. '아빠는 크레이지 보이', '슬픔은 파도를 넘어' 등 10여 편을 제작했다. '슬픔은 파도를 넘어'는 1968년 개봉한 영화로 신성일, 윤정희 등이 출연했다. 1969년에 대만에서도 개봉되어 흥행에 성공한 영화였다.

유제환은 인천극장을 운영하면서 1975년에 부평 백마극장과 서울 청량리 대왕극장을 인수했다. 백마극장이 있던 산곡동은 부평의 원도심 같은 곳으로 일제강점기에 조병창이 들어섰고 해방 후 미군기지가 생기면서 클럽과 술집, 다방이 즐비했던 최대 번화가였다. 용현동 한일극장과 부천의 신세계극장도 유제환의 소유였다. 한일극장은 1964년에 세워진 극장인데 특이하게도 용현시장 한가운데 있었다.

인천시 도시계획에 따라 주안에 있었던 아폴로극장의 도로 앞 10m가 철거되면서 유제환은 그 극장을 매입, 수리하여 1976년에 중앙극장을 개관했다. 그 당시 극장 주변엔 건물도 없었고 매우 한산했다. 그러나 유제환은 극장 주변에 단독주택 단지가 많이 들어설 예정이라는 소식을 듣고 당장은 어렵더라도 앞으로 극장이 잘 될 것으로 예측했다. 중앙극장이 개관한 다음, 극장 맞은편에 제일시장이 생겼고 그 옆에 도화시장도 생겨났다. 초창기에는 중앙극장이 있는 곳이 변두리로 취급받아 배급사에서 좋은 영화를 주지 않았지만 경광영화사라는 큰 배급사를 운영하던 이태원 사장을 알게 되어 그를 통해 중앙극장이 점차 자리를 잡게 되었다. 1980년대에는 인천에서 제일 수입이 좋은 극장이기도 했다.

유제환의 구술 기록에 따르면 1976년 중앙극장에서 '로보트 태권V'를 상영할 때 아이들이 어마어마하게 몰려 중앙극장에서 제물포역까지 줄을 섰다고 했다. 1994년에는 중앙극장을 2개관으로 증축했다. '거지왕 김춘삼'이 개관작품이었는데 극장이 무너질 정도로 사람들이 몰려들었다. 20일 동안 인산인해를 이뤘다고 한다. 당시 중앙극장 옆으로 15평, 20평의 국민주택 몇백 세대가 있었고 인천공고 학생들도 단골 고객이었다. 그러나 1999년 인천CGV14가 구월동에 등장하면서 인천의 극장가는 초토화되었고 중앙극장도 2002년 문을 닫고 말았다.

그러나 극장왕답게 유제환은 주저앉지 않고 2004년 주안역 앞에 맥나인(MAC9)을 설립했다. 이름 그대로 9개관이 있었고 좌석수가 1,171석이었다. 본격적으

유제환, 출처: 미추홀구 학산문화원

백마극장 1972년, 출처: 국가기록원

1959년 인천극장, 출처: 수도국산달동네박물관

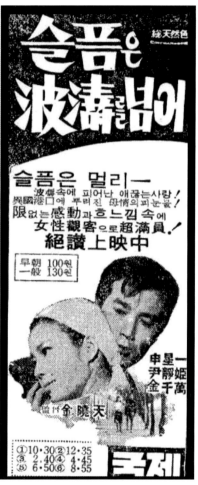

1968년 '슬픔은 파도를 넘어' 신문광고

옛 한일극장 자리

아폴로극장, 출처: 인천시청기록관

중앙극장, 출처: 인천대관 1979년

'로보트 태권V' 포스터

영화공간주안

영화공간주안 좌석에 남아있는 맥나인의 흔적

로 CGV인천14와 정면승부에 나선 것이다. 특히 THX 사운드 인증관으로 유명해서 멀리서 영화광들이 일부러 찾아왔다. 그러나 2006년 프리머스주안으로 변경되었고 그 후 1년도 못 되어 폐관되었다. 2007년에 미추홀구청은 극장을 인수하여 영화공간주안을 설립했다. 지자체가 만든 전국 최초의 예술영화관이었다.

유제환은 인천극장, 한일극장, 백마극장, 중앙극장, 맥나인, 청량리 대왕극장, 부천 신세계극장 등 많은 극장을 운영했으며 영화배급과 영화제작까지 했던 인천의 진정한 극장왕이었다. 그 후 그는 학산문화원 초대 원장으로 일하면서 학산소극장을 개원했으며 2005년에 별세했다.

유제환이 인천에서 운영했던 극장들

11장

주안시민회관
(1974~2000)

1968년 인천시가 시민관(현 인성여고 다목적관)을 매각하고 그 대안으로 주안에 지은
것이 인천시민회관이었다. 흔히 주안시민회관이라 불렸다. 1974년 4월 13일에 개관
한 주안시민회관은 시민관의 기능을 이어받아 공공집회와 각종 문화예술행사의 장
으로서 활용되었다. 총공사비가 2억4천만 원이 넘었고 지하 1층, 지상 3층으로 수용
규모가 1,388석에 달했다. 부대시설로 식당, 다방, 소회의실, 미용실, 휴게실 등을 갖
췄다.

어릴 적 이곳에서 만화영화를 본 적이 있다. 학창시절에는 각종 행사에 참석했
었고 고등학생 때 단체관람으로 윤석화가 나왔던 연극을 봤던 기억이 생생하다.

1975년에는 제2회 경기도 어머니, 직장 새마을 합창 경연대회가 열렸다. 사진에
서 보듯 무대가 매우 커서 각종 행사를 하기에 적합했다. 인천시민이라면 시민회관
계단에서 단체사진 한 번쯤은 찍었을 것이다.

1981년 7월 1일은 인천이 경기도에서 분리되어 직할시로 승격된 날이다. 인천시
립예술단이 주안시민회관에서 직할시 승격기념 대공연을 펼쳤다. 인천시립무용단,
교향악단, 합창단 등이 참여했다.

1983년에 주안시민회관에서 '83년도 미스인천 선발대회'가 열렸다. 한때 여성

1974년 4월 15일 「매일경제신문」

1970년대 주안시민회관, 출처: 미추홀구청

1975년 주안시민회관, 출처: 경기도청

1983년 미스인천 선발대회, 출처: 미추홀구청

1981년 6월 30일, 출처: 미추홀구청

의 아름다움을 대표하는 게 '미스코리아'였다. TV로 생중계되는 날에는 가족들이 모여 각자 진선미를 예측하곤 했다. 우리나라 미인대회의 역사는 1953년에 시작되었다. 그때 미인의 조건은 '서양'이었다. 키가 크고 얼굴이 작고 코가 오뚝해야 미인이었다. 미인대회가 대중의 인기를 끌자 고추아가씨, 굴아가씨 선발대회 등 각종 미인대회가 우후죽순 생겼다. 그러다 여성을 상품화한다고 반대운동이 일어났고 미인대회 인기도 점차 시들해졌다.

1986년 인천 5·3 민주항쟁은 수만여 명이 주안시민회관 앞에 집결하여 군부독재 타도를 주장한 시위로 1980년 광주민주화운동 이후 최대 규모의 민주화운동이었다. 거리가 멀었던 광성고에서도 최루탄 가스 냄새를 느낄 정도로 엄청난 시위였다. 1987년 6·10 민주항쟁으로 이어졌고 결국 대통령 직선제가 시행되었다.

한겨레신문은 1988년 5월 15일에 창간되었다. 종합일간지로는 최초로 한글전용과 가로쓰기 지면을 선보였고 1989년에는 마포구 공덕동에 사옥을 설립했다. 노래를 찾는 사람들을 흔히 '노찾사'라고 불렀는데 1980년에서 90년대에 걸쳐 활동한 민중가요 노래패였다. 사랑 타령의 기존 가요와 차이를 보였는데 대중적으로도 큰 성공을 거두었다. 노찾사가 1991년 12월에 주안시민회관에서 한겨레신문 사옥 준공 기념 및 발전기금 모집 홍보를 위한 공연을 펼쳤다.

공연뿐만 아니라 영화상영도 종종 했다. 주로 어린이 만화영화를 많이 상영했는데 이때는 청소년을 위해 '미녀와 야수', '나의 왼발', '인도차이나', '햄릿' 등 명작을 무료상영했다.

인천시는 1994년 구월동에 인천종합문화예술회관을 건설했다. 주안시민회관은 그 기능을 상실하면서 2000년 9월에 철거되었다. 그 자리에 옛 시민회관 쉼터라고 이름 지은 시민공원과 문화창작지대가 들어섰다.

인천 5·3 민주항쟁 당시 주안시민회관 앞, 출처: 민주화운동기념사업회

1991년 12월 4일 「한겨레신문」

▲청소년을 위한 무료 영화상영 = 17일부터 20일까지 매일 오전 11시-오후 2시, 남구 주안동 인천시민회관, 17일 「미녀와 야수」 18일 「나의 왼발」 19일 「인도차이나」 20일 「햄릿」, 032(435)9403.

1993년 1월 13일 「조선일보」

옛 주안시민회관 자리

옛 주안시민회관 자리

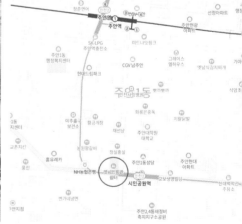

옛 주안시민회관 위치

개항 전 인천의 중심지는 문학동, 관교동 일대였다. 그러다가 1883년 인천이 개항하면서 작은 포구에 지나지 않았던 제물포는 계획도시로 지어져 국제적인 도시로 성장했다. 그 후 해방과 전쟁을 겪으면서 동인천은 인천의 전부였다고 해도 지나치지 않을 중심지로 자리잡았다. 동인천 지역에 한때 19개의 극장이 몰려있었을 정도였다.

1970년 인천의 인구분포도를 보면 대부분의 인천사람들이 동인천을 중심으로 살고 있었다. 중구의 시기별 인구밀도 변화를 나타내는 그래프를 보면 중구의 인구밀도는 1980년대 후반에 급격히 줄어들었다. 1986년에 인천시청이 구월동으로 이전하면서 동인천의 몰락이 시작된 것이다.

그 후 버스터미널, CGV인천14, 신세계백화점, 인천지방검찰청 등이 생기면서 구월동은 인천의 중심지가 되었다. 어찌 보면 인천의 중심지가 본래의 자리로 돌아간 것이다. 동인천은 몰락의 몰락을 거듭하여 그 후 30년 넘게 동면하고 있는 구도심이 되고 말았다.

1998년 SK그룹에서 인천에 16개의 상영관을 갖춘 멀티플렉스 개관을 준비 중이었다. 당시 대기업들이 서로 앞다투어 극장업에 뛰어들 때였다. 이때 SK가 미국 AMC와 손을 잡고 구월동 SK유통센터의 설계를 바꿔 판매시설과 함께 멀티플렉스

개항 초기 제물포

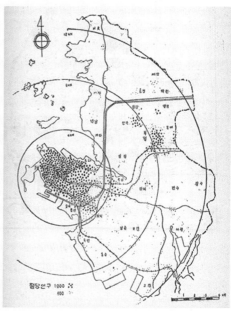
1970년 인천의 인구분포도, 출처: 인천시정백서

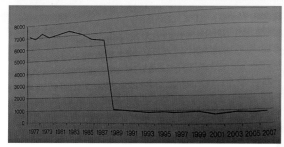
중구의 시기별 인구밀도 변화, 출처: 중구청

1999년 CGV인천14 개관을 알리는 신문광고

CGV인천14

건립에 나섰고 인천 남동구청에 허가신청서를 제출했다. 그러나 갑자기 사업주체가 CJ로 바뀌면서 CGV인천14로 변경되었다.

CGV인천14는 이름에서 알 수 있듯이 14개관으로 1999년 12월 18일에 개관했다. 1998년 서울 구의동에 최초의 멀티플렉스 CGV강변11을 선보인 데 이어 두 번째로 개관했던 최첨단 최대규모였다. 14개관의 좌석수가 무려 4,000석이 넘었다. 천장 높이가 일반 극장의 2배가량이었고 스타디움 식으로 좌석을 배치했으며 좌석 간 공간도 넓었고 24시간 예매제를 시행했다. 극장이 있는 씨앤씨 빌딩 안에는 음식점과 쇼핑매장을 비롯해 게임센터, 포켓볼장 등 오락시설도 갖추었다. 그리고 인천지하철 1호선 예술회관역에서 걸어서 5분 정도로 접근성이 좋았다.

개관작 중 한편이 '여고괴담2'였는데 인천 극장가에 괴담이 퍼지기 시작했다. 이제 다 망했다고.

거대한 공룡의 등장으로 동인천 지역 극장들의 몰락이 시작되었다. 인천극장, 피카디리극장, 오성극장, 인형극장, 중앙극장 등이 폐관되었다. 애관극장은 살아남기 위해 2004년에 5개관으로 증축했다.

2017년 CGV는 관객 10억 명을 돌파할 정도로 승승장구했다. 그러나 2019년 12월에 발생한 코로나로 인해 직격탄을 맞으면서 100여 개가 넘는 스크린이 막을 내렸다. 직영과 가맹을 가리지 않고 무리하게 덩치를 키운 게 오히려 화가 되어 돌아온 것이다.

넷플릭스 같은 OTT(온라인 동영상 서비스)가 주류 매체로 성장하면서 극장을 찾는 관객들이 줄고 있다. 인천에 남아있는 개인극장인 애관극장, 미림극장, 대한극장의 앞날은 더욱 어둡기만 하다.

여고괴담2 신문광고

CGV인천14

출처: CGV

넷플릭스 로고

CGV인천14 위치

13장

인천의 자동차극장

한국 최초의 자동차극장은 1994년 경기도 포천에 생겼다. 자신만의 공간에서 자유롭게 영화를 볼 수 있어 한때 전국에 60곳이 넘을 정도로 성업했다.

인천 최초의 자동차극장은 시네마파크로 1999년 송현3동 인천제철 앞에 개업했다. 가족과 함께 한번 가본 적이 있다. 아이가 초등학교도 들어가기 전이라서 일반 극장을 가기 힘들었는데 시네마파크에서 편하게 영화를 볼 수 있었다. 라디오에서 나오는 사운드가 생각보다 괜찮았고 음량도 조절할 수 있어 편리했다. 그 당시가 전국에 자동차극장이 우후죽순 생길 때였다. 가로 30m, 세로 20m의 대형스크린을 갖추었고 자동차를 동시에 400여 대나 주차할 수 있었던 넓은 공간이었다. 개업 기념 공연으로 인기가수 엄정화, 클론, 김현정 등이 출연했다고 하니 엄청나게 공격적인 마케팅이었다.

같은 해 12월 연수구 동춘동에 카네마가 생겼다. '카'와 '시네마'를 조합한 재치 있는 작명이었다. 수용 차량은 120대로 송현동 시네마파크보다는 작은 규모였다.

옥련동 504번지 옛 송도유원지 안에 또 다른 자동차극장이 있었다. 이름도 송도유원지자동차극장이었다. 2002년 6월 14일에 개업했다.

월미도에도 자동차극장이 있었다. 일반 자동차극장과는 달리 차들이 각각 독

"OPEN! 무료주차 무료영화상영

OPEN 최신 영화 무료 상영

www.영화의땅.net

영화의 땅
월미도점

영화의 땅 월미도점

인천 첫 자동차극장
시네마파크 문열어

인천지역 최초의 자동차 전용 극장인 인천시네마파크(대표 김봉기·동구 송현2동)가 10일 문을 열었다.

1만2000평 부지에 가로 30m, 세로 20m의 대형스크린을 설치한 이곳에서는 자동차 400여대를 동시에 주차시킨 채 영화를 관람할 수 있다.

매일 오후 9시부터 다음날 오전 3시까지 2시간 간격으로 세차례 영화를 상영하며 입장료는 인원에 상관없이 승용차 1대당 1만2000원.

인천시네마파크는 개관기념으로 20일까지 '쉬리' '매트릭스' 등 2편의 영화를 무료 상영한다. 또 20일 오후에는 인기가수를 초청해 축하공연을 열 예정이다. 032-777-6412~5

〈인천=박희제기자〉
min07@donga.com

1999년 8월 11일 「동아일보」

송도 해안로변에
자동차 전용극장

인천 연수구 동춘동 송도 해안도로변에 자동차 전용극장 '카네마'가 24일 문을 열었다.

차량 120대를 동시에 수용할 수 있는 이 극장 입장료는 1만2천원(승용차 기준)이다.

상영시간은 오후 7, 9, 11시 등 하루 3회다.

개관 기념작으로 '주유소 습격 사건'을 상영 중이다.

이 극장은 개관기념으로 입장객에게 기념품을 나눠주고 있다.

또 입장쿠폰 3장을 모아오는 사람에게는 1회 무료 입장권을 준다. (032)885-4000   유성보기자
ysb1010@kyunghyang.com

1999년 12월 25일 「경향신문」

옛 송도유원지 정문

립된 공간에 들어가 각자 원하는 영화를 골라서 보는 독특한 시스템이었다. 1차량 1스크린인 것이다. 스크린 크기는 100인치였다. 2005년 청주에서 시작하여 인천과 대전, 김해, 군산 등에 있었다. 기존 자동차극장은 밤에만 상영할 수 있었고 관람객들은 같은 영화를 보았는데 이 독특한 '영화의 땅'은 시간에 구애받지 않고 독립된 공간에서 최신 영화 24편 중 하나를 관람객이 직접 골라보는 재미가 있는 극장이었다. 이제 자동차극장은 부동산 개발로 인해 역사의 뒤편으로 사라지고 있다. 서울과 인천에는 단 하나의 자동차극장도 없으며 비교적 땅값이 싼 경기도 외곽에 몇 군데 존재할 뿐이다.

자동차극장이 있던 곳

미림 삼총사라 불리던 분들이 있다. 영사기사였던 조점용, 기도였던 양재형, 간판을
그렸던 김기봉이 그들이다.

조점용 부장은 고등학교 졸업 후 충북 음성의 무극극장에서 영사기사를 시작
했다. 군대도 원주 군인극장 영사병으로 일했다. 제대 후 부천 신세기극장을 거쳐
1972년에 미림극장으로 자리를 옮긴 후 2004년 폐관하는 마지막 날까지 영사기를

미림 삼총사. 왼쪽부터 조점용 부장, 양재형 전무, 김기봉 상무

돌렸다. 30년 넘는 세월을 미림극장과 함께했다.

조점용 부장은 미림극장에 대해 다음과 같이 추억한다.

> "미림극장은 중국영화를 많이 틀었다. 사람들이 엄청 미어터지도록 들어왔다. 내가 트는 영화를 보며 환호하는 관객들 덕에 하나도 힘들지 않았다. 당시는 서울보다 인천 극장값이 반값이라 서울에서 내려오는 사람들이 많았다. 영화 한 편 보고 월미도 구경가고 하루 데이트 코스로는 괜찮은 것이었다."

양재형 전무는 문화극장의 '마사키'와 '골목가다' 그리고 애관극장의 '고구마'와 함께 인천에서 알아주는 주먹이었다. 덩치가 큰 다른 기도와는 달리 마른 체구였는데 인천에서 그의 스피드를 따라올 자가 없을 정도로 날렵했다. 그에게 잘못 보이면 미림극장에 출입할 수가 없었다.

김기봉 상무는 미림극장에서 25년 동안 간판을 그렸다. 그는 자기 일에 관해 다음과 같이 회상했다.

> "중2 때 형님이 표관에서 선전부장을 하여 도시락을 갖다 주면서 자연스럽게 극장 간판에 관심을 갖게 되었다. 처음에는 간판에 글씨만 있었고 그림이 없었다. 형님과 함께 인영극장에서 간판 그리는 일을 시작하면서 실력을 부족하다고 느껴 서울 국제극장을 찾아가서 일류 간판장이들에게 간판 그리는 법을 배웠다. 당시 인천은 나무판 위에 그림을 그렸는데 서울은 광목을 이어 큰 캔버스를 만들어 그렸다."

미림극장에는 단골손님들이 많다. 그중 '미림회'라는 모임이 있다. 인천중학교 9회, 제물포고등학교 6회 동창들이 만든 친목단체다. 한 달에 한 번 미림극장에서 영화를 보고 식사를 한다. 회원의 반은 인천에 거주하고 남양주에 사는 회원이 가장 멀다. 미림회의 단골집은 동인천 북부광장에 있는 인천순대다.

미림회 회원 김성운은 미림극장과 미림회에 대해 다음과 같이 말한다.

젊은 시절 조점용 영사기사

젊은 시절 김기봉 화백

미림회 모임

김기봉 화백이 그린 미림극장 간판

장정일 미림회 회원

김성운 미림회 회원

"친구들과 문학산 등산 갔다가 한 친구가 갑자기 미림극장 가자고 해서 오랜만에 왔는데 옛 추억도 있고 좋더라. 그래서 친구들과 함께 '미림회'를 만들어 보자고 했다. 친구들에게 '만원의 행복'이라고 해서 영화 보는데 1,500원(조조할인), 순댓국에 소주 한잔하면 만원이면 되니까 친구들도 좋아했다. 한 달에 한 번 10명에서 14명 정도 모인다. 폐관 후 미림극장이 추억극장으로 부활하여 참으로 반가웠다. 1,500원에 영화를 볼 수 있으니 고맙기도 하고 사실 미안하다. 예전에 '닥터 지바고'를 키네마극장에서 봤는데 그때는 영화가 2시간 정도 되었다. 미림에서 다시 보니 3시간짜리 영화였다. 당시 러시아 혁명 장면이 다 잘려나간 것이다. 미림에서 다시 보니 너무 새롭더라."

또 다른 미림회 회원 장정일은 미림극장에 대한 지자체 지원에 대해 이런 견해를 밝혔다.

"미림극장 사정이 좋지 않다는 것을 알고 있다. 지자체에서 미림극장을 지원하는 건 돈이 얼마 안 들어가면서 생색낼 좋은 기회다. 돈이 비교적 적게 들어가는 가장 훌륭한 문화사업인데 극장 입장료만 가지고 운영하라는 건 택도 없는 소리다."

미림극장은 1957년 평화극장으로 출발하여 1958년 '아름다운 숲'이란 멋진 의미의 극장이 되었다. 2004년 폐관 후 한동안 빈 건물로 방치되었다가 동구청과 인천시의 지원으로 2013년 추억극장 미림으로 부활하였다.

그러나 얼마 안 가 자생을 핑계로 동구청과 인천시의 지원이 끊어졌다. 그리고 미림극장 바로 맞은편에 대단지 아파트가 생기면서 미림극장 건물이 매각될 거라는 소식을 들었다. 극장은 사라지고 그 자리에 상가가 들어설 것이란 얘기다. 이런 사태를 초래한 것은 동구청과 인천시의 책임이 크다. 미림극장의 두 번째 폐관을 지켜보아야 할 것인가. 무엇보다 인천시민들의 관심이 필요할 때다.

미림극장

since 1957 미림극장. 극장 3층에 마련된 미림전시관

미림극장 맞은편 아파트단지

15장

진정한 인천 영화 3편

'신세계', '창수', '파이란', '차이나타운', '써니', '약속', '그대를 사랑합니다', '시월애', '도희야', '스물', '극한직업', '의형제', '도가니', '기술자들', '회사원', '은밀하게 위대하게', '박쥐' 등등 수많은 영화들이 인천에서 촬영되었다. 그러나 대다수의 영화들은 인천을 배경으로 소비할 뿐이었다. 진정한 인천 영화로는 '고양이를 부탁해', '파이란', '파업전야' 3편을 꼽을 수 있다.

'고양이를 부탁해'

2001년 개봉

감독 정재은

출연 배두나, 이요원, 옥지영, 이은주, 이은실

2001년 정재은 감독의 데뷔작으로 그해 키노 잡지에서 2001년 한국영화 베스트 2위에 오르는 등 작품성을 인정받았다. 국내외에서 10여 개의 상을 수상했지만 흥행 성적은 좋지 않았다. 개봉 일주일 만에 막을 내리고 말았다. '고양이를 부탁해'는 인천여상을 졸업하고 사회에 첫발을 디딘 스무 살 여성 5명의 일상을 그린 영화다. 동인천역, 월미도, 차이나타운, 인천공항, 만석동, 동인천 지하상가 등 인천 곳곳에서 촬영되었다. 정재은 감독은 "인천은 주변 도시이지만 우울하고 비관적인 '주변'이 아니라, 생생하게 움직이고 도시 자체로서 열려 있으며 중심을 향해 가는 공간으로서 미래에 대한 에너지가 있다. 다양한 공간과 그곳의 풍성한 이미지 때문에 인천을 촬영지로 선택했다."라고 언급했다.

이 영화를 진정한 인천 영화라고 하는 것은 인천을 공간적 배경뿐만 아니라 인천의 정체성을 주제로 발전시켰기 때문이다. 이 영화에서 고양이는 하나의 이야기로 모이기 어려운 작은 이야기들을 엮어가는 데 중요한 역할을 하고 있다. 고양이를 마지막으로 맡은 것은 온조와 비류 자매다. 온조와 비류는 주몽의 아들로 고구려를 떠나 백제를 세운 인물이다. 특히 비류는 미추홀에 나라를 세웠다. 다분히 의도적인 작명이었다. 영화의 마지막에 인천에 남은 이는 온조와 비류 그리고 고양이뿐이다.

흥행에 실패하여 개봉 일주일만에 막을 내리자 '고양이를 부탁해 살리기 인천 시민모임'이 결성되었다. 인천종합문화예술회관에서 특별 시사회가 열렸는데 1,500

영화에 등장하는 월미도, 북성포구, 차이나타운, 만석고가교

석에 2천여 명이 몰려 대성황을 이루었다. 그리고 CGV14인천에서도 재개봉하였다.

'파이란'

2001년 개봉

감독 송해성

출연 최민식, 장백지, 손병호, 공형진

'파이란'은 아사다 지로의 단편소설 '러브레터'를 영화화한 것이다. 전라도 시골에서 인천에 올라온 남자와 중국에서 고아가 돼 한국까지 흘러들어온 여자의 이야기다. 송해성 감독은 시나리오를 완성하고 헌팅을 시작했는데 주인공 강재의 공간은 쇳가루가 날리는 팍팍한 곳, 아등바등 사는 사람들의 공간, 중국인들이 들어오는 창구인 인천을 선택했다. 파이란의 공간은 푸른 바다와 등대가 보이는 대진으로 정했다.

"세상은 나를 삼류라 하고 이 여자는 나를 사랑이라고 한다"는 영화 포스터 카

영화 속 자유공원, 신포동, 선광미술관, 차이나타운

피가 인상적인데 위장결혼으로 맺어진 삼류 건달 강재와 중국 처녀 파이란의 엇갈린 사랑을 그린 작품이다.

'파이란'은 백란의 북경어 발음인데 재밌는 일화가 있다. 원래 영화의 제목은 주인공 강재의 이름을 딴 '친절한 강재씨'였다고 한다. 파이란이 강재에게 쓴 편지 내용인 '강재 씨가 가장 친절하다.'에서 나온 것인데 나중에는 여주인공의 이름을 따서 '파이란'으로 바뀌게 되었다. 이것을 아쉽게 여기던 최민식이 박찬욱 감독에게 얘기했는데, 이를 듣고 박찬욱 감독은 찍고 있던 영화 '마녀 이금자'의 제목을 '친절한 금자씨'로 바꿨다.

'파업전야'
1990년 개봉
감독 장동홍, 장윤현, 이재구
출연 홍석연, 왕태언, 신종태, 최경희

'파업전야'는 장산곶매에서 16mm 필름으로 부평공단 한독금속 공장에서 촬영한 영화다. 노동영화의 효시이자 기념비적인 작품이다. 일제강점기 노동운동의 발상지이며 산업화 시대에 노동자의 도시였던 인천에서 이런 영화가 만들어진 것은 어찌 보면 필연적이란 생각이 든다.

한독금속은 6월 민주항쟁 이후 인천에서 결성된 최초의 민주노조였다. 그곳에서 촬영이 이루어진 것은 운명과도 같은 일이었다. 영화 완성 후 당연히 한독금속에서 상영했으며 인천대 인문관에서도 상영회가 열렸다. 당시 전남대 상영은 전설과도 같은 사건이었다. 경찰은 헬리콥터를 동원했고 1천 명이 넘는 전경들이 전남대 상영을 저지하기 위해 포크레인으로 정문을 뜯어버리는 상상초월의 작전을 전개했다. 영화 상영을 막기 위해 엄청난 병력과 장비가 동원된 세계 영화사에 남을 사건이었다. 총연출을 맡았던 영화감독 장동홍은 '파업전야' 촬영과 관련해 이렇게 설명했다.

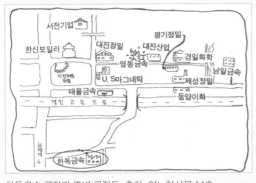

한독금속 공장과 주변 공장들, 출처: 인노협신문 14호

장동홍 영화감독 '파업전야' 총연출

한독금속 공장이 있던 곳

한독금속 공장 안팎과 JC공원

"인천을 촬영지로 선택한 것은 일단 가까워서였다. 대학 시절 노동현장을 몰랐다. 공부하고 자료 조사하면서 인노협에 많은 도움을 받았고 마침 한독금속이 파업한다는 소식을 전해듣고 1989년 겨울에 공장 부분부터 촬영을 시작했다. 공장 기숙사에서 단체 생활하고 밥도 공장 식당에서 한독금속 노조원들과 함께 해먹었다. 한수의 집이라든지 데이트하는 장소 등 몇 장면을 빼면 모두 부평3공단에서 촬영한 것이다. 노조원들이 축구하는 장면도 JC공원에서 촬영했다."

이어서 감독은 당시의 소회를 이렇게 전했다.

"영화 완성 후 공식 시사에 앞서 당연히 제일 먼저 한독금속 노조원들에게 보여드렸다. 공개 후 비공식적으로 100만 명 넘게 '파업전야'를 보았다. 서울대 아크로폴리스 광장에서 한번 상영하면 15,000명이 보기도 했다. '파업전야'는 내게 미숙하기도 했지만 가장 열정적인 시절, 친구들과 협동하며 모든 스텝이 자발적이었던 가장 순수했던 작업이었다."

촬영지였던 공단은 지금 상가와 아파트단지로 바뀌었다.

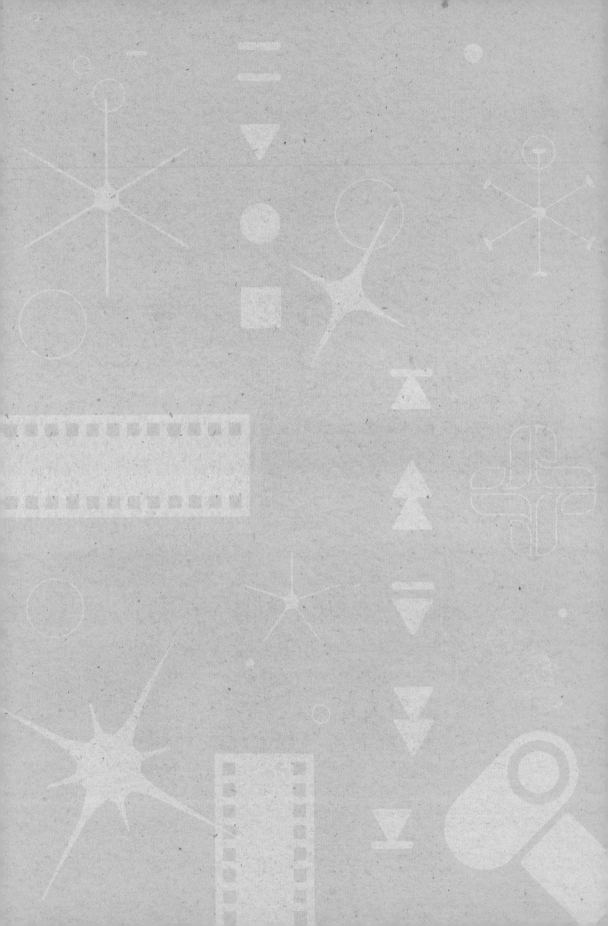

현존하는 가장 오래된 극장, 애관

강옥엽 인천여성사연구소 대표는 애관극장에 대해 다음과 같이 말한다.

"애관극장의 전신인 협률사는 서울의 원각사보다 먼저 생긴 조선인 최초의
극장이다. 고일 선생이나 최성연 선생의 기록을 통해 이를 알 수 있다. 그 후
축항사, 애관으로 이름이 바뀌는데 애관이란 이름만으로도 100년이 훨씬 넘

강옥엽 인천여성사연구소 대표

었다. 애관은 강연회, 연극, 음악회 등이 열린 복합문화공간이었다. 서로 토론
하고 소통할 수 있었던, 인천의 탁월한 선택이 바로 애관이었던 것이다."

인천 최초의 극장은 1892년 일본인이 설립한 인부좌다. 그리고 1895년 정치국
이 세운 조선인 최초의 극장이 협률사다. 정치국은 부산 출신이다. 부산이 개항하면
서 신문물에 눈이 뜨인 그가 부산에서 인천으로 넘어온 것은 인천이 개항하면서 거
대한 자본의 흐름이 인천으로 모이는 것을 간파했기 때문이다. 또한 인천에 일본인
극장이 세워지면서 극장이 돈이 되는 사업임을 알아챈 그는 조선인 마을 용동 언덕
위에 창고를 개조하여 협률사를 설립했다.

"인천에서도 용동마루에 연극장이 생겨나서 지나간 1일부터 뚱땅뚱땅 한다더라."

(1911년 10월 4일 「조선신문」 언문판)

협률사는 1911년 10월 1일에 축항사로 바뀌게 되는데 부지 48평의 2층 건물로
관객 500명을 수용할 수 있었다. 축항의 뜻은 항구 구축으로 근대도시로 변모하는
인천을 의미한다. '신극사 이야기'를 쓴 안종화 선생의 회고에 따르면 혁신단의 임성
구 단장이 축항사를 작명했다고 한다. 축항사를 통해 극작가 진우촌, 함세덕, 연기
자 정암, 무대장치가 원우전 등이 등장했다.

축항사에서는 혁신단 일행이 '장한몽'을 공연했다. '장한몽'은 이수일과 심순애
의 비련을 그린 작품이다.

김봉문 일행이 축항사에서 공연할 때, 극장 불이 꺼져 암흑이 된 사건이 있었
다. 3층 관객들은 불이 난 줄 알고 밑으로 뛰어내렸다. 이를 통해 초기 축항사와는
다르게 3층 규모로 증축된 것을 알 수 있다.

당시 극장은 연극 공연, 영화 상영뿐만 아니라 지역 주민들을 위한 거점 장소였
다. 호열자(콜레라) 예방주사를 보통학교, 산근정소학교, 축항사, 죽원관 등에서 시
행했다. 그때 인천에는 가부키좌, 표관, 죽원관, 축항사 네 곳의 극장이 있었고 조선
인 극장은 축항사가 유일했다.

1911년 10월 4일 「조선신문」 언문판, 　1914년 3월 6일 「매일신보」
제공: 한상언

1914년 12월 10일 「매일신보」　　1920년 7월 15일 「동아일보」

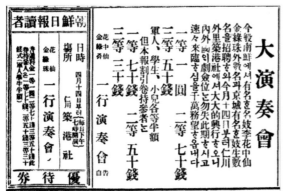

1921년 4월 15일 「조선일보」

1921년 3월 9일 「동아일보」

축항사에서 이화중선을 포함한 경성의 유명기생들이 대연주회를 펼쳤다. 관객 입장료를 세 가지 등급으로 나눴는데 1등급은 1원, 2등급은 70전, 3등급은 50전이었다. 우대권을 지참하면 30% 할인을 해주었는데 군인, 학생, 어린이는 반액이었다.

지금까지 발견된 애관에 대한 최초의 기록은 '철완의 향', '문의 언어', '엄봉의 비서' 등을 상영한다는 광고다. 놀랍게도 활동사진 상설관 애관은 유니버설 스튜디오와 특약을 맺었다. 문구를 '유니바쌀회사'로 표기한 것이 재밌다. 그런데 이화중선이 출연한다는 축항사 광고 날짜를 보면 같은 해 4월 15일이고 애관 최초의 광고는 3월 9일이다. 이때가 축항사에서 애관으로 바뀌는 시기라서 혼동되어 쓴 것으로 보인다. 이 잘못된 표기가 역설적으로 애관으로 개칭된 해가 1921년이라는 것을 말해주고 있다.

1921년에 축항사에서 애관으로 극장명이 변경된다. 애관은 당시 일본어로 '아이깡' 이라 불렸고 인천지역 극장의 대명사였다. 1940년대에 생긴 인영극장을 고도모 아 이깡(어린이 애관)이라고 불렀을 정도였다.

> "인천에 초유한 축구대회성황. 인천축구대회는 예정과 같이 산근정공설운동
> 장에서 애관 양악대의 연주로 개회되었는데…"
>
> (1921년 3월 29일 「조선일보」)

애관에는 전속 악대가 있었다. 인천에서 초유한 축구 대회가 산근정 공설운동 장(현재 제물포고등학교)에서 열렸을 때도 애관 양악대가 연주했다.

> "인천 유일의 활동상설 애관의 일주년 기념흥행. 인천 외리 애관은 인천에
> 서 오직 하나인 조선사람이 경영하는 활동사진 상설관인 바 이번에 개관 일
> 주년을 자축하는 뜻으로 기념흥행을 오는 십이일부터 삼총사를 상영하며
> 삼일간 입장하는 사람에게 경품으로 일등에는 백미 한 가마 이등에는 광목

한 필 등…"

(1927년 2월 13일 「중외일보」)

기사에 따르면 1926년에 개축하여 1927년 개관 일주년 기념으로 영화 '삼총사'를 상영했고 경품으로 일등에는 백미 한 가마, 이등에는 광목 한 필 등을 증정했다.

1926년에는 애관의 변사인 강성렬이 돈을 횡령하여 용동권번 기생 송죽과 도망간 사건이 발생했다. 강성렬은 애관을 대표했던 인기 변사였다. 도망간 그들은 그 후 어떻게 되었을까? 한 달 뒤 신문기사를 살펴보면 서울에서 체포되었다.

양진채 작가는 애관의 변사가 주인공으로 등장하는 소설 '변사 기담'을 썼다.

"고향이 인천이고 지금도 인천에서 살고 있는데 내가 모르는 인천 이야기가 너무 많았다. 그래서 인천에 대한 소설을 하나 써야겠다고 생각했다. 인천 자료를 찾고 공부를 하면서 협률사를 알게 되었고 인천과 극장에 관한 이야기를 쓰고 싶었다. 주인공을 그 당시 스타였던 변사로 설정했다. 실제로 애관의 변사를 용동권번 기생들이 서로 모시고 가려고 인력거를 대기 시켜 놓았다고 들었다. 관객들은 무성영화를 보고 있지만 실제로 만날 수 있는 인물은 바로 변사였다. 지금 아이돌을 능가하는 스타였던 것이다."

1927년 10월에는 극장을 개축하여 낙성식을 거행했다. 극장 수용인원이 800명에 달했고 르네상스식 건축물로 전국 어느 극장과 비교해봐도 시설이 빼어나게 좋았다.

1928년 2월에는 애관에서 인천 신간회 창립기념식이 거행되었다. 신간회는 좌우익 세력이 합작하여 결성한 회원 수가 4만여 명에 달했던 대표적인 항일 단체였다.

1928년 대중잡지 별건곤에 애관과 외리에 대한 풍경 묘사가 재밌게 소개되었다.

"불당의 쨍쨍 소리, 성당의 땡땡 소리를 따라 기다리고 있었던 듯이 활동사

1921년 3월 29일 「조선일보」

1927년 2월 13일 「중외일보」

1926년 2월 20일 「조선일보」

양진채 소설가

1926년 4월 30일 「동아일보」

1927년 10월 14일 「매일신보」

1928년 2월 17일 「동아일보」

1928년 9월 1일 「동아일보」

1928년 9월 2일 「매일신보」

1929년 인천안내도 애관 위치, 출처: 박원호, 김식만

진의 취군 음악 소리와 요릿집의 장구 소리가 요란히 일어난다. 천주당 뾰족
집과 길 하나를 사이하고서 불교 포교당이 이마를 마주하고 있는데 그 사이
에 요릿집 삼성관과 활동사진 애관하고 무도관 도장과 요릿집 일월관하고 한
자리에 모여 있어서 (중략) 미국 연애 영화가 좋다고 나팔을 힘껏 불고 북을
깨여지라고 두들기니 세상이란 멋대로 지내는 것이란 것을 한 장에 그려놓은
표본이 인천의 외리인 것이다."

불당은 능인사이며 성당은 답동성당이다. 애관은 불당과 성당 사이에 있으
며 인근에는 삼성관, 일원관 등 기생이 나오는 고급 요릿집들이 있었다. 당시 기자가
보기에 애관의 위치가 얼마나 이상했을지 짐작이 된다.

1928년 9월, 애관의 극장주가 김윤복에서 기신양행으로 변경되었다. 기신양행
은 조선 최초의 영화 직수입 회사였다. 그동안 일본을 통해 외화가 재수입되어 개봉
시기가 늦었는데 기신양행은 메트로골드윈, 유나이티드 아티스트와 협약을 맺어 직
수입했다. 그래서 애관에서 파라마운트 영화 '전함 강철호'가 조선 최초로 상영하게
된다.

"인천 애관에 조선영화 상영. 인기가 비등한 중에 '사랑을 찾아서' 상영. 인천
활동사진상설관 애관은 경영 변경 이후로 제1회에 '전함 강철호'와 '로키산 돌
파'라는 영화로 실로 전에 없던 성황을 이루고 적지 않은 호평을 받는 중이라
는데 제2회 상영으로 6일부터 나운규 주연의 '사랑을 찾아서'라는 14권짜리
조선사진을 상영하여 많은 인기를 집중한다더라."

(1928년 9월 8일 「동아일보」)

1928년 9월, 한국 영화계의 신화적인 인물인 나운규의 '사랑을 찾아서'가 상영
되었다. 이 영화의 원제는 '두만강을 건너서'였으나 조선총독부가 불온한 제목이라
고 검열하여 '사랑을 찾아서'라고 바꾸고 필름도 여러 장면을 삭제했다.

1928년 10월에는 나운규의 영화 '사나이'도 상영되었다. '사나이'에 등장하는

나운규

아리랑의 한 장면, 출처: 한국영상자료원

1928년 9월 8일 「동아일보」

仁川愛舘에
朝鮮映畵上映

仁川(인천)을등디동사진상설관이회
(愛舘)을당경영변경이후로데일회
에『한양강탈호』와『로키산들』
라는영화로실로인긴에성황을
일우고 쑤지안흐흐야 양이
이라는데 데이회상영으로는
일부터 라운규(羅雲奎)주연의
『사랑을차즈서』라는딸네권까리
조선사진을 상영하야 만흔인긔
를집중한다더라

1928년 9월 8일 「동아일보」

仁川讀者慰安
廿四五日愛舘서

本報仁川支局에서讀者慰安하기
爲하야來二十四五日兩日夜를
期하야仁川外里愛舘에讀者慰安
活寫會를開催하야寫員은朝鮮의
代表名作『아리랑』과西洋劇『荒
野의孤兒』其他喜劇數種을上映
한다는데『아리랑』寫眞으로말하
면這般愛舘에서上映하앗스나觀
覽料關係로一般讀者가觀覽할機
會를엇지못한便이多하얏슴으로

1928년 11월 24일 「동아일보」

愛舘에『싸람보』

천애관(仁川愛舘)에서는이
일 커녁부터『구로그람』을
하야가지고 라운규(羅雲奎)
『두명화(名畵)』를상영
이라는데사나이의주연녀
는더욱이인천태생임으로
가더욱놉다고

사나이도함께
『로덕순』케품의사나이과
보』의두명화(名畵)를상영

1928년 10월 25일 「중외일보」

인천 태생 여주인공은 유신방을 말한다. 용동권번 출신의 배우로 나운규의 애인이었다. 나운규는 시나리오 작가, 배우, 감독, 제작을 겸했던 천재였다. 그의 작품으로 가장 널리 알려진 것은 불후의 명작인 '아리랑'이다. '아리랑'은 일제강점기 민족영화의 출발을 알린 기념비적인 작품이다. 1926년 단성사에서 개봉한 '아리랑'은 당시 조선 민중들에게 일대 충격을 안겨준 혁명적인 영화였다. 그러나 불행하게도 필름이 남아있지 않다.

"'야구시대' 상영-발성영화가 발명된 지 벌써 오래되었다. 그러나 인천 조선인
활동사진관에서는 한 번도 상영하지 못하였는데 인천 외리 애관에서 고객을
위하여 이번에 그 발성영화 '야구시대'를 상영하게 되었다 한다."

(1930년 2월 3일 「동아일보」)

애관에서 발성영화가 처음으로 상영되었다. 발성영화는 다른 말로 유성영화라
고도 하는데 세계 최초의 유성영화는 1927년 '재즈싱어'다. 한국 최초는 1935년 이
명우 감독의 '춘향전'이다. 유성영화의 등장 이후 배우보다 높은 인기를 누렸던 변
사들이 역사 속으로 사라지기 시작했다.

"배구자무용단 인천 애관에서. 배구자의 무용가극단은 지난번 시내 조선극
장에서 공연하여 일반 관중의 열렬한 환영을 받았으며 오는 양일간 인천 외
리 애관에서 공연하는데 그 기술은 갈수록 무르익어 이번에도 큰 인기를 끌
리라 한다."

(1930년 11월 13일 「매일신보」)

1930년 2월 3일 「동아일보」

1930년 11월 13일 「매일신보」

1931년 7월 4일 「매일신보」

배구자는 일제강점기에 활동한 현대무용가다. 1928년 경성 공회당에서 열린 음악무용대회에서 춘 춤이 한국인이 발표한 최초의 신무용으로 간주된다. 1935년에는 남편 홍순언과 함께 동양극장을 설립했다.

> "영화 '월세계의 여자' 우대권을 발행. 인천 외리 활동상설관 애관에서는 우파사의 대작 '월세계의 여자'와 미국 유니버설사의 작품 '폭발적 열혈한'의 이대 명작을 제공한다. (중략) '월세계의 여자'는 경성에서도 공전의 환호를 받은 과학영화로 명작 '메트로포리쓰'에서 명성을 전한 우파사의 후릿쓰 랑 씨가 인류 최대의 꿈인 월세계여행을 로케트로 실현할 수 있다는 것을 과학에 기준하여 설명한 것으로 신비적 장면은 관중을 몽경에 인도할 것이며…"
>
> (1931년 7월 4일 「매일신보」)

'월세계의 여자'는 프리츠 랑 감독의 '달의 여인'을 말한다. 프리츠 랑은 세계적인 표현주의 감독으로 그의 대표작 '메트로폴리스'는 지금 봐도 경이로운 작품이다. '달의 여인'은 프리츠 랑 감독의 두 번째 SF영화다. 당시 이런 영화를 본 애관 관객들의 표정이 어땠을지 궁금하다.

> "활동사진관 2층에서 돌연 격문을 살포. 인천 애관의 대소동. 경찰 출동 범인 체포. 메이데이를 전후하여 관내에 불온문서 산포사건이 속출함을 보는 인천 경찰서에서는 (중략) 경관 중으로 만원을 이룬 외리 애관에서 활동사진을 영사 중 2층 부인관객석 모퉁이에서 하층 관중에 대하여 다수의 삐라를 산포한 청년이 있어 임관 중이던 경관은 즉시 출입문을 봉쇄하고 본서에 급보하여…"
>
> (1932년 5월 4일 「매일신보」)

메이데이는 5월 1일 노동절이다. 5월 2일 밤 10시 30분쯤 애관에서 영화 상영 중에 2층 부인관객석에서 한 청년이 '삐라'를 살포했다. 공산주의에 관한 격문이었다. 경찰 30여 명이 출동하여 그 일당을 체포했다.

'달의 여인' 한 장면

1932년 5월 4일 「매일신보」

1933년 2월 7일 「조선일보」

"청중을 열광하게 한 윤씨 야담대회, 인천 초유의 대성황. 본보 인천지국 주최인 윤백남 씨 야담대회는 예정과 같이 인천 애관에서 개최된 바 이번 야담대회는 인천에 있어서 처음인 만큼 정각 전부터 청중이 물밀 듯이 몰려와서 무려 만여 명에 달했는데 정각에는 입추의 여지가 없이 만장의 성황을 이룬 중에 인천지국장의 소개로 연사 윤백남 씨가 의미 깊은 사담인 연산조의 비화를 비롯하여 여인군상, 세조일화 등을 조금도 쉬지 않고 세 시간 동안 계속하게 되었으나 청중은 조금도 지루한 바 없고 도리어 여광여취하여 박수와 웃음만을 계속하여 오후 오시에 무사히 폐회하게 되었다."

(1933년 2월 7일 「조선일보」)

애관극장에 대해 자료 조사를 하고 다큐멘터리를 제작하면서 초기 애관의 옛 사진이 없어 늘 아쉬웠다. 표관과 인천가부키좌는 극장 외관과 내부 사진이 여러 장 있는데 애관은 왜 이렇게 (해방 전) 사진 한 장 없을까 늘 안타까웠다. 표관과 인천가부키좌는 일본인 극장이고 애관은 조선인 극장이라 차별받는 것으로 생각했다. 그런데 1933년 2월 7일 조선일보 기사 중에서 애관 내부 사진을 찾을 수 있었다. 지금까지 발견된 최초의 애관 사진이다. 윤백남은 언론인, 연극인, 문인, 영화인, 만담가에 이르기까지 폭넓은 활동을 펼쳤다. 만담은 일제강점기에 사회풍자극 역할을 했다. 만담가는 윤백남과 신불출이 유명했고 해방 후 양석천과 양훈(홀쭉이와 뚱뚱이), 장소팔과 고춘자로 인기가 이어졌다.

"용비호약의 경인무도대항. 인천 무도관에서는 오는 팔구 양일간 애관에서 경인대항 무도연기대회를 개최하기로 되었는데 당일 무도대항의 종목은 경인유도 유단자대항전, 권투시합, 권투 대 유도시합, 펜싱, 곤봉, 체육무용 등으로 대성황전이 열릴 모양임으로 대만원의 성황을 예기한다 하며 입장료는…"

(1933년 7월 5일 「조선일보」)

애관에서 열린 경기 중에 압권은 펜싱경기와 권투 대 유도시합이다. 펜싱을 다

1933년 7월 5일 「조선일보」

1936년 1월 11일 「동아일보」

우승팀 애관야구단, 1937년 6월 23일 「매일신보」

1939년 8월 16일 「조선일보」

른 기사에서는 '서양검도'라고 표현했다. 그리고 권투 대 유도시합은 요즘 인기를 끄는 이종격투기가 아닌가. 당시 극장 안에서 어떻게 이런 경기가 펼쳐졌을지 궁금하다.

> "영화관 출입 인원 30여만 명 돌파. 근대문명의 첨단을 걷는다는 영화로 소
> 비되는 금액이 인천에서는 얼마나 되는가? 인천에서는 우수한 영화만 상영
> 하는 외리 애관의 작년 1년간의 입장 연인원이 120,456명에 그 입장요금이
> 28,284원 50전이라는데 이외에 무료입장까지 치면 연인원 15만 명은 무난
> 돌파되리라 한다. 이외에 표관까지 합하면 입장 연인원 30만에 입장료 5만 원
> 은 되리라고 한다…"
>
> (1936년 1월 11일 「동아일보」)

인천의 영화 관객이 1935년에 30여만 명을 돌파했다. 애관의 입장객은 15만 명에 이르렀고 라이벌 표관도 비슷한 15만 명 정도였다.

애관에 야구단이 있었고 우승해서 사진이 남을 정도였다. 실업팀인 셈인데 당시 조선인만으로 이루어진 유일한 야구단이었다. 1934년 전인천야구대회 4강 진출에 이어 1935년 인천실업야구 우승, 중부조선야구대회 우승, 1937년 중부조선야구대회에서도 우승을 차지할 정도로 강팀이었다.

야구가 처음 시작된 곳 역시 인천이다. 인천고등학교 전신인 인천영어야학회에 재학했던 후지야마의 1899년 2월 3일 일기에 "베이스볼이란 서양 공치기를 시작하고 5시경에 돌아와서 목욕탕에 갔다."라고 기록되어 있다. 1905년에 창단한 인천공립상업학교(현 인천고) 야구팀은 1936년 일본 고교야구 전국대회(갑자원, 고시엔)에 출전할 정도로 강팀이었고 해방 직후 동산고가 두 번째로 학생 야구단을 창단했다. 류현진은 2005년 동산고 재학시절, 청룡기대회 8강에서 전설로 남은 17탈삼진 완봉승을 했고 그 대회 우승을 이끌었다.

> "인천의 방공기념 연극, 강연을 무료공개. 15일은 조선방공협의 창립 1주년 기
> 념일이므로 경기도 인천지부에서는 이날을 기념하기 위하여 연극과 강연, 음

애관 광고의 변천

1939년 11월 10일 「조선일보」

김양수 문학평론가

악회를 열어 일반에게 무료공개를 하게 되었다. 그리하여 지난 14일부터 15일까지 이틀에 거쳐 부내 애관에서 방공방첩에 대한 연극과 강연회가 열리게 되었는데 첫날인 14일 오후 8시에는 막이 열리기 전에 천여 명 관중이 쇄도하여 박수로 막을 열기를 재촉하자…"

(1939년 8월 16일 「조선일보」)

조선방공협의 창립 1주년 기념으로 연극과 강연이 애관에서 무료로 공개되었는데 시작도 하기 전에 천여 명의 관중이 몰려왔고 강연이 끝난 후 연극 공연을 했다.

애관의 광고는 초기에 단순한 문구 고지에서 점차 타이포그래피 광고, 삽화 광고로 발전했다.

"조영 의정부촬영소 초대작 신출발. 명치좌, 대륙극장, 인천 애관 동시 봉절에 연일 초기록 돌파!"

(1939년 11월 10일 「조선일보」)

그리고 1930년대에 신출발 광고처럼 사진으로 된 광고가 등장했다.

1933년 인천 출신으로 '인천개화백경'의 저자인 김양수 문학평론가는 1930년대 애관을 다음과 같이 기억했다.

"나는 인현동에 살았는데 영화를 좋아했던 할머니와 같이 애관에 자주 갔었다. 할머니는 영화를 보러 갈 때 나를 꼭 데리고 가셨다. 내가 송림심상소학교(현 송림초등학교)를 다녔는데 당시 일본인 교장이 학생들을 감시하기 위해 극장 순시를 돌았다. 그때 애관에 온 다른 친구들은 교장에게 잡혀 나갔는데 나는 할머니와 함께 있어 잡혀가지 않았다. 애관에서 일본 사무라이 영화와 '사랑에 속고 돈에 울고'를 봤었다. 라미라악극단 공연도 생각난다."

1945년 8월 15일 인천시민들은 해방을 맞아 경동사거리를 지나 싸리재로 행진했다. 임명방 전 인하대 교수는 그의 저서 '인중시절과 태극기에 대한 기억'에서 당시의 상황을 이렇게 기록했다.

> "애관극장 앞길을 메운 군중은 수백 명이 넘었다. 이들은 언제 준비했는지 '조선독립만세'라는 현수막을 앞세우고 만세삼창을 외치며 내동사거리를 지나 일본인들이 사는 동네로 행진했다. 그들의 물결 속에서 나는 삼촌이 말했던 태극기를 처음으로 보았다."

1945년 8월 18일 애관극장에서 죽산 조봉암의 주도하에 해방 전 인천부협의회 의원을 지낸 김용규, 식량배급 조합장이던 박남칠, 후에 남조선노동당 인천시당 위원장이 되는 이보운 등이 모여 건국준비위원회 인천지부를 조직하였다. 그리고 8월 20일 애관극장에서 역시 조봉암의 주도로 200명의 대원으로 구성된 보안대가 결성되었다.

조봉암의 장녀 조호정 여사는 1928년 상하이에서 태어났다. 이름에서 '호'는

상하이를 말하고 '정'은 수정이다. 호정은 '상하이에서 얻은 수정 같은 보물'이란 뜻
이다. 그녀는 1933년에 어머니 김이옥과 함께 상하이에서 인천으로 왔다. 1936년 송
현교회에서 개설한 영신학교에 입학했고 (현재 송현동 솔빛마을아파트 자리) 이후 박
문소학교로 전학했다. 그 후 소화고등학교 (현재 부평 성모병원 자리), 1950년에 이화
여대 영문과를 졸업했다.

> "아버지는 영화를 참으로 좋아하셨다. 새 영화가 개봉할 때마다 애관, 표관,
> 동방극장에 자주 가셨다. 나도 아버지와 함께 영화를 보곤 했다. 이화여대를
> 다닐 때 중간에서 만나면 '영화 보러 갈까?' 하실 정도로 영화를 좋아하셨다.
> 도원동 살 때 개를 키웠는데 이름이 '샤리'였다. 아버지께서 할리우드 아역 배
> 우 셜리 템플의 이름을 따서 지으셨다. 아버지는 해방 후 인천으로 내려오셨
> 는데 테러 위험이 심해 (도원동)집에 잘 들어오지 않으셨다. 늘 바쁘셨고 어려
> 운 민중을 위한 일념밖에 없으셨다. 어지러운 시기였고 좌익 안에서도 싸움이
> 심했다. 일에는 참으로 열정적이셨는데 자신에게는 냉정한 분이셨다. (이승만
> 정권에 의해 간첩죄로 수감되고) 면회를 갔을 때 아버지는 자신의 죽음을 각
> 오하고 계셨다."

조봉암은 도원동 12번지 부영주택에서 살았다. 나는 광성고를 다녔는데 버스
에서 내려 학교로 올라가려면 죽산 선생이 살던 집 앞을 지나가야 했다. 그러나 3년
동안 그 집 앞을 지나다니면서도 그곳이 죽산 선생이 살았던 집이었다는 사실을 전
혀 알지 못했다. 학교 선생님 중 어느 누구도 알려주지 않았다. 당시 '조봉암'은 금기
어였다. 1930년대 후반 인천 지역에 각종 공장이 들어서고, 도시가 확장하면서 생
긴 주택난을 해소하기 위해 인천부가 직접 지어 분양한 집을 부영주택이라 불렀다.
1940년에 도산주택이라는 이름의 첫 번째 부영주택을 도원동에 지었다.

조봉암은 강화 출신으로 일제강점기에 항일운동을 했고 광복 후에 대한민국
초대 농림부장관과 국회부의장을 역임했다. 1957년 진보당을 창당하고 위원장에 선
임되었으나 1958년 1월에 간첩죄 및 국가보안법 위반혐의로 대법원에서 사형이 확

1945년, 출처: 경기사진대관 1957

애관에서 건국준비위원회 인천지부 결성, 삽화 김혜민

조봉암의 장녀 조호정 여사

조호정의 남편 이봉래(왼쪽), 조봉암(가운데), 조호정(오른쪽), 제공: 조호정

조봉암이 살았던 도원동 자택

정되어 그해 7월에 사형이 집행되었다.

조호정의 남편 이봉래는 유명한 시인이자 영화감독이었다.

이봉래는 1965년에 죽산의 일대기를 기린 '하늘을 보고 땅을 보고'를 연출했다. 신성일, 김진규, 조미령 등 당대의 배우들이 출연했는데 당국의 시나리오 검열로 인해 수없이 편집되어 알 수 없는 영화가 되고 말았다.

이원규 작가는 인천 출신으로 대건고 국어교사를 했으며 소설을 썼다. 널리 알려진 작품으로 '훈장과 굴레'가 있다. 2013년에는 '조봉암평전'을 저술했다.

> "조봉암에게 인천은 숙명과도 같은 곳이다. 강화에서 태어나고 1924년 공회당(현재 인성여고 다목적관)에서 인천 청년들을 상대로 강연회를 했는데 조봉암이란 존재를 알릴 수 있었던 기회였다. 해방 후 그 청중들은 조봉암의 정치적 기반이 될 수 있었고 딸 조호정이 인천에서 살고 있어 옥고를 치른 후 인천으로 올 수밖에 없었다. 애관극장에서 보안대 결성을 하면서 정치적 도약을 마련했다. 영화 보는 것도 상당히 좋아했다. 이승만 정권에 의해 사법적 살인을 당했고 2011년이 되어서야 복권될 수 있었다."

이원규 소설가

'하늘을 보고 땅을 보고' 신문광고

인천에 대한 자료를 찾다 보면 김식만 원장의 블로그(인천의 어제와 오늘)에 자주 방
문하게 된다. 그의 인천에 대한 애향심과 방대한 자료에 깜짝 놀랄 때가 많다.

> "치과 옆에 주인선(주안과 인천을 오가던 군사철도)이 있었는데 없어졌다. 그
> 게 궁금해서 자료를 찾다 보니 지금까지 하게 된 것이다. 일종의 공부인 셈이

김식만 치과 원장

다. 내가 자주 하는 말인데 상갓집에 가면 수많은 신발 중에서 자기의 신발은 잘 찾아낸다. 아이들 입학식을 가도 수많은 학생 중에서 자기 아이는 잘 찾아낸다. 알면 그만큼 보이는 것이다. 인천도 마찬가지다. 공부하면 할수록 인천을 더욱 사랑하게 된다."

1946년 사진 오른쪽 지붕에 뾰족한 표식이 있는 건물이 애관극장이다. 김식만 원장은 그의 블로그에 다음과 같이 설명했다.

"오른편에 폐허 같은 모습을 보십시오. 1946년이면 폭격을 받았을 리도 없는데 과거 초가집들이 있던 비탈 동네가 사라지고 말았습니다. 제 개인적인 생각에는 화재가 있었던 것이 아니었을까 싶습니다. 실제로 기록을 보면 이 일대에 여러 번의 화재가 언급되고 있습니다. 그러나 도로 확장을 위해 철거하였을 수도 있겠습니다. 이 길은 지속적으로 도로를 확장하여 현재의 대로가 된 것입니다. 사진에서는 왼편에 중앙예식장이 보이고 오른편에는 애관극장이 보입니다."

1946년 애관에서 벙어리연극단 공연이 펼쳐졌다. 단원도 무려 40명이 넘었다. 당시 언어 장애인으로 이루어진 연극단이 있었다는 게 놀랍다. 광고문구에서 보듯 조선 사상 초유의 일이었다. 인기가 좋았는지 한 달 후에 애관에서 재공연을 했다.

1946년 11월 애관과 동방극장에서 '자유만세'를 동시상영했다. '자유만세'는 최인규 감독의 작품으로 광복 후 일제 탄압에서 벗어나 민족영화를 새롭게 알리는 작품이었다. 항일독립투사의 독립운동과 이들의 사랑과 우정을 그리고 있다. 당시 중국에서 이 영화를 본 장개석이 '自由萬歲 韓國萬歲(자유만세 한국만세)'라는 휘호를 썼다는 유명한 일화가 있을 정도다.

애관은 영화 상영, 연극 공연, 강연회뿐만 아니라 인천시민들을 위한 생활 밀착형 공간이기도 했다. 1947년에 인천 직장인 유행가 콩클대회가 펼쳐졌다.

1948년 3월에 함세덕의 '동승'이 공연되었다. '동승'은 어머니를 그리워하면서

1946년 애관, 출처: 국사편찬위원회, 제공: 주희풍, 김식만　　1948년 애관극장, 촬영 Norb-Faye

1946년 9월 1일 「대중일보」

1946년 11월 7일 「예술통신」

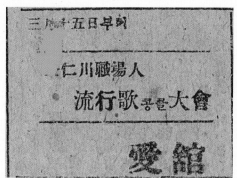

1947년 3월 15일 「대중일보」

1948년 9월 2일 「대중일보」

1949년 9월 21일 「대중일보」

1948년 3월 13일 「대중일보」

도 불가의 계율 속에 살아야 하는 동자승을 통해 인간 본연의 감정과 숙명 등을 그린 작품이다. 함세덕은 1915년 인천 출신 극작가다. 대표작으로 '동승'과 '해연' 등이 있다. 한국전쟁 중이던 1950년 6월에 사망했다.

1948년 Norb-Faye가 답동성당 종탑에서 촬영한 사진에서 오른쪽 아래 지붕에 뾰족한 표식이 있는 건물이 애관이다. 인천 전경과 함께 애관의 모습이 제대로 드러난 참으로 귀한 사진이 아닐 수 없다.

1948년 9월 대한민국 정부 수립 기념으로 극단 망향의 대공연이 펼쳐졌다.

1949년 9월에는 뇌염이 만연하게 퍼져 방역으로 인천의 극장들이 휴관했다가 열흘 정도 지난 후에 재개관을 했다. 2019년 11월 코로나가 발생했을 때가 떠오른다. 그때 많은 극장들이 휴관하거나 폐관되었다. 5년이 지난 요즘도 극장의 전망은 어둡기만 하다.

애관은 1950년 9월 15일 인천상륙작전 때 함포사격으로 인해 파괴되었다. '1950년 애관' 사진 중앙에서 맨 위에 반파된 건물이 애관이다. 폭격으로 주위 모든 건물이 파괴되었지만 UN군이 답동성당을 피해 폭격을 해 답동성당은 멀쩡했다.

1951년 반파된 건물을 급하게 보완하여 극장을 이어갔다. 스크린은 지금과는 반대쪽에 있었다. 극장 안을 기웃거리는 아이들의 모습이 재밌기도 하지만 애잔하다.

박정자 배우

"인천 소래에서 태어나 신흥동으로 이사해 답동성당 안에 있는 박문유치원을 다녔다. 전쟁이 나서 배를 타고 피난을 갔는데 그때 월미도에서 난생처음 미군을 봤다. 입이 열린다고 해서 아구리 배라고 불린 LST선을 타고 보름 동안 지냈고 내린 곳이 제주도 성산포였다. 전쟁이 끝난 후 다시 인천으로 돌아왔다. 53년인가 54년에 애

관에서 '처용의 노래'를 봤었다. 김동원, 윤인자가 주연이었는데 사람이 너무 많아 애관
극장이 폭발할 것 같았다. 유리창이 깨지고 극장 문이 부서질 정도였다. 윤인자 보러왔
다가 깔려 죽겠다고 어른들이 얘기했다. 당시 먹고 살기도 힘들었는데 우리나라 사람들
은 공연을 참 좋아한다. 애관은 그 이름만으로도 우리 가슴에 각인되는 존재다. 지금까
지 애관을 유지하고 계신 사장님께 감사와 응원의 박수를 보낸다."

한명숙 가수

"고향은 평남 진남포다. 육이오 사변
이 나고 16살 때 어머니와 함께 인천
으로 피난 왔다. 내동에 살았을 때 어
느 날 오르간을 치며 노래를 불렀는
데 같은 동네에 살았던 임원군이 노
래 불러볼 생각 없냐며 태양악극단
을 추천했다. 알고 보니 임원군은 외
삼촌(김재섭)의 평양음악학교 제자였
다. 나는 어릴 때부터 노래와 무용을
좋아했는데 외삼촌의 영향을 받은 것 같다. 태양악극단에서는 막내나 다름없었다. 어느
날 드디어 무대에 설 기회가 생겼는데 그 첫 무대가 애관이었다. 장세정의 '청춘부르스'
와 '여인애가'를 주로 불렀다. 나는 클래식을 좋아하고 유행가를 싫어했는데 무대에 서
려면 유행가를 부를 수밖에 없었다."

한명숙은 애관을 발판으로 미8군에 진출하여 대형 인기가수가 되었고 그녀의
메가 히트곡 '노란 샤쓰의 사나이'는 영화로 만들어졌다.

1954년에 지금의 애관극장 자리로 내려와 극장을 신축했다. 간판 중에 서부극
'광야의 역습'이 보인다. '광야의 역습'을 찾아보니 애관에서 1954년 7월에 상영하
였다.

송현동에 살았고 변전소 직원이었던 영화광 이광환은 그의 일기에 애관에서
봤던 '타이콘데로가의 요새' 감상을 남겼다.

1950년 파괴된 애관, 촬영 임응식 사진작가, 출처: 화도진도서관

파괴된 애관에서 바라본 답동성당, 촬영 임응식 사진작가, 출처: 화도진도서관

1951년 임시로 지어진 애관, 출처: 김식만의 블로그 '인천의 어제와 오늘'

가수 한명숙, 제공: 한명숙

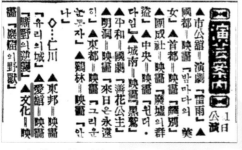

1954년 7월 22일 「조선일보」

1954년 애관, 출처: 수도국산달동네박물관

"1955년 9월 30일 애관. 입체영화가 서울에서 상영된 후, 처음으로 애관에서 상영하게 되어 회사에서 퇴근하자마자 이호균, 변군과 같이 애관에 들어가서 처음으로 입체 미국 영화 '타이콘데로가의 요새'를 감상하였다. 입장료는 안경대 50환을 포함하여 850환 이었으며 안경을 쓰고 보니 과연 입체감이 났고 날아오는 화살과 도끼에 몇 번이나 깜짝깜짝 놀랐다."

전무송 배우

"애관에서는 영화 '성벽을 뚫고'와' 자유만세'를 봤다. 애관은 공연도 많이 했는데 여성국극단 공연과 임춘행 극단, '낭랑공주와 호동왕자'. '파랑새'를 본 기억이 있다. 처음 하는 얘기인데 중학교 졸업하고 가정 형편이 어려워 애관 간판부에 들어간 적이 있다. 당시 그림에도 조금 소질이 있었다. 프로가 바뀌면 극장에 걸리는 메인 간판뿐만 아니라 거리 곳곳에 설치되는 간판도 많았다. 하얀 칠을 하고 말리고 거기에 그림을 그렸다. 나는 초보라 흰칠 담당이었다. 그런데 이게 나의 길이 아닌 것 같아 그만 두고 인천기계공고로 진학했다."

정의배 촬영감독

인천에서 제작, 촬영된 이강천 감독의 '사랑'이 1957년 6월에 애관에서 개봉되었다. 정의배 선생이 촬영조수로 이 작품에 참여했다.

"나는 기자 생활을 하다가 28살에 촬영조수로 영화 일을 시작했다. 이광수 원작의 '사랑'이었다. 인천제철 앞 이화창고에서 병원 내부를 세트로 지어

1955년 애관에서 상영된 '타이콘데로가의 요새' 신문광고

'사랑' 포스터

1956년 애관, 출처: 경기사진대관 1957

1956년 동산고 학생들, 출처: 동산고 졸업앨범, 굿모닝인천

촬영했다."

"집 외부는 허봉조 산부인과 원장 집에서 촬영했다. 스텝과 김진규, 허장강 같은 배우들이 1년 가까이 내동 연안여관에서 머물며 촬영했다. 그러나 아쉽게도 흥행은 실패였다. 나는 그 후 몇 편을 촬영감독을 하다가 '인천항'이란 다큐멘터리를 연출했다."

조우성 시인

"기자 시절에 하와이 취재를 갔었는데 조미령 배우를 만난 적이 있었다. 얘기 도중 인천에서 왔다고 하니까 조미령 선생께서 애관 잘 있냐고 물으셨다. 본인이 여성국극단 시절에 애관 무대에 자주 섰다고 말씀해 주셨다. 애관극장의 의미는 인천 근대문화의 면면한 전통을 오늘에까지 잇고 있는 유일한 극장이라는 것에 있다."

이화창고 세트장면 | 인천제철 앞. 세트장으로 활용된 이화창고가 있던 곳

1950년대 흔적이 남아있는 애관극장 지붕의 거대한 환기구 장치. 촬영 윤동길 사진작가

환기구 내부 트러스 구조. 촬영 유창호 사진작가

역사적인 순간에는 늘 애관이 함께 했다. 1960년 3·15 부정선거로 인해 4월 19일 인천에서도 시위가 일어났고 경동사거리로 교복을 입은 중학생에서 대학생까지 수백 명이 모여들었다. 마침내 4월 26일 이승만은 대통령직 사임을 발표했다.

1960년 9월에는 극장을 신축하여 개관했다. 이때 극장 앞에 계단을 만들었다. 지금 애관극장의 원형이다. 광고를 보면 '팔미도, 월미도, 작약도를 관망할 수 있는 옥상 전망대'와 '싸운드 스크린 완비, 현대시설의 대휴게실, 새로운 시설, 명화의 전당'을 자랑하고 있다.

1965년 당대 최고의 배우였던 신성일과 엄앵란이 '쇼' 공연을 위해 애관극장을 찾았다. 평소 40원이었던 입장료를 인천 공연사상 최고인 70원으로 올렸다. 당연히 관객들의 불평이 있었다.

1971년 애관극장에서 미스터 유니버스 및 미스터 아시아 파견선수선발대회가 열렸다. 중신부에서 홍정식이 1위를 차지했다. 홍정식은 별명이 '골목가다'로 문화극장에서 기도를 담당했었다.

"도원동이 내 고향이다. 내가 10대 때 문화극장이 가설극장이던 초창기부터 20년간 기

1960년 4·19혁명 당시. 왼쪽 건물이 애관극장

1960년 9월 2일 「조선일보」

1964년 애관극장, 출처: 경기사진대관 1965

入場料 비싸
申·嚴배우출연쇼

「仁川」申星一 嚴鶯蘭등두
인기「스타」가 출연한다하
여 평상시 40원씩 받던 입
장료를 70원으로 올려받으
며 시민들의 비난을 사고있다。
29일 인천 애관극장과시
민관에서 국제「쇼」(대표
金龍浩)가 동시공연되었는
데 인기「스타」申星一군과
嚴鶯蘭양등이 특별출연한다
하여 인천「쇼」공연사상이
래처음이고 최고의 입장
료음인 70원을받았다。
그런데 관람을마치고나온
관객들은 다른「쇼」와별
차이없으며 두「스타」가무
대에나와 잠깐 인사하는것
이 평상시입장료 40원에
30원을 더받는다는것은 너무
하다고불평을 털어놓았다。

1965년 2월 20일 「경향신문」

미스터 유니버스 파견 大會
申正泰·洪貞植·洪永杓선발

「仁川」七一년도
미스터유니버스및
미스터「아시아」
파견선수선발대회
가 十일 이곳애
관극장에서 五八
명의 선수가 참
가한가운데 열려
장신부에서는 申
正泰(한국체)중
신부는洪貞植(경
기)단신부는 洪
永杓(한국체)가
각각 一위를 차
지했다。
申正泰는
二百八十점만점
으로열린 이날선
발전에서 洪永杓는
二百六十九점、
洪貞植은 二
百六十四
점을 각각
차지했다

1971년 7월 12일 「동아일보」

홍정식

도를 했다. 당시 기도는 주먹 출신들이 많이 했다. 그럴 수밖에 없는 게 공짜 손님을 막고 주위 깡패들을 제압하려면 건달 오야봉들이 각 극장 기도를 담당했어야 했다. 문화극장은 친구인 마사끼와 내가 담당했고 미림극장은 양재형, 애관은 고구마(본명 이원갑)였다. 나는 골목가다(골목대장이란 뜻)로 한 주먹 했었다. 김두한 형님이 인천에 오면 늘 나를 찾아와 함께 술을 마셨다. 나는 문화극장 옆에서 체육관을 운영하기도 했다. 미스터 코리아에서 우승했고 미스터 아세아 그리고 미국에서 열린 미스터 유니버스 대회까지 나갔었다. 그 시절이 가장 좋았다."

1972년에 황해도 출신의 사업가 탁상덕 사장이 애관극장을 인수했다. 그는 현재 탁경란 대표의 부친이다. 두 부녀가 50년 넘게 애관극장을 지켰다.

당시 많은 학생들이 취미로 영화 캘린더를 수집했다. 그러나 같은 캘린더라도 등급이 나뉘었다. 극장 직인이 찍힌 캘린더를 '진짜'로 인정했다.

1989년에 극장을 개축하여 70mm 영사기와 THX 입체음향 설비를 갖추었다. 미국에서 조지 루카스팀이 내한하여 직접 시공했다. 그때 인천은 서울, 부산, 대구에 이어 전국에서 네 번째로 70mm 영화 상영관을 갖게 되었다. 애관극장 영사실에는 디지털 영사기와 함께 그때 사용되었던 70mm 필름 영사기가 지금도 있다.

탁상덕 사장 이후 오빠가 맡았던 극장이 외환위기로 부도를 맞자 탁경란 대표가 미국에서 돌아와 2000년에 경매로 나온 애관극장을 인수했다. 이때는 인천 극

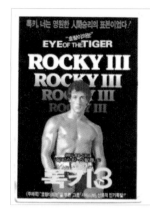 

1982년 '록키3' 캘린더, 제공: 이재준 에그머니 디자인 스튜디오

애관극장 탁경란 대표와 부친 탁상덕 사장

1972년 애관극장, 출처: 국가기록원

1989년 4월 26일 「인천일보」

애관극장 직인, 제공: 애관극장

애관극장 영사실, 디지털 영사기(왼쪽), 70mm 필름 영사기(오른쪽), 촬영 유창호 사진작가

1999년 CGV인천14 개관을 알리는 신문광고

2001년 씨네팝을 인수하여 애관극장 2관으로 변경

2004년 애관2관~5관 신축, 촬영 윤동길 사진작가

장가에 지각변동이 일어나고 있을 때였다. 1999년에 CGV인천14가 구월동에 들어섰기 때문이었다. 한꺼번에 14개 극장이 생긴 셈이었고 당시 전국 최대 규모의 멀티플렉스였다. 개관작 중 하나가 '여고괴담2'였는데 인천 극장가에 '이제 다 망했다'고 소문이 돌기 시작했다. 2001년 인천극장을 시작으로 문화극장, 오성극장, 인형극장 등이 폐관되었다. 위기를 느낀 탁경란 대표는 2001년에 씨네팝(옛 오성극장)을 인수하여 애관극장 2관을 만들었다. 여기에서 더 나아가 CGV에 대항하기 위해 2004년에는 본관을 1관으로 하고 주위 건물을 매입하여 허물고 새로 2~5관을 건립했다.

2017년에 넷플릭스 국내 가입자는 10만 명에 불과했다. 넷플릭스는 봉준호 감독의 '옥자'에 570억 원을 투자하여 극장과 넷플릭스 동시개봉을 노렸다. 그러나 대기업 멀티플렉스가 극심하게 반발하면서 '옥자'는 전국 개인극장에서만 상영되었다. 이때 봉준호 감독은 애관극장을 처음 방문했다.

봉준호 감독

"인천의 애관극장, 대구의 만경관, 광주의 광주극장 같은 역사와 전통을 가진 극장들이 계속 우리 곁에 존재했는데 저희가 잊고 있었다는 사실을 '옥자'를 개봉하면서 다시 깨닫게 되었다. 애관극장이 인천이라는 오랜 도시에 역사적인 의미가 있는 극장이라는 것도 그때 알아 죄송스럽기도 했었다."

2019년 11월에 코로나가 발병하면서 비대면 시대가 도래했다. 모든 산업에 엄

2017년 봉준호 감독의 '옥자' 상영

애관극장 상영작 게시판

2021년 4월 20일 애관극장에서 열린 애사모 기자회견

청난 충격을 가했고 특히 극장업은 치명타를 입었다. 1958년에 설립된 서울극장이 폐관되고 CGV는 직영점의 30%를 영업 중단했다. 애관극장도 가장 큰 1관을 휴관하고 다른 상영관 상영 회차를 줄이면서 코로나 시기를 버텼다. 그러나 계속된 경영 악화로 애관극장 매각 소식이 흘러나왔다. 여러 언론사가 긴급 속보로 전하며 애관극장의 역사와 의미를 재조명했고 시민들은 애사모(애관극장을 사랑하는 시민모임)를 결성하여 인천시가 즉각 애관극장과 협상에 나설 것을 촉구했다.

(사진 맨 앞사람) 애사모 운영자인 이희환 교수는 애관의 의미와 공공매입의 당위성에 대해 다음과 같이 말했다.

> "애관극장은 인천 근대문화의 자부심이며 긍지이자 역사다. 그런데 현재 더이상 개인이 극장을 운영하기 어려운 상황이다. 공공기관이 적극적으로 매입을 해서 애관을 유지해야 한다. 그렇게 되면 원도심 문화재생의 구심점 역할을 할 것이다. 인천시가 '애관극장 보전을 위한 민관협의체'를 구성하는 의지를 보였지만 절차에 따른 시간이 너무 오래 걸린다. 그 시간을 애관극장 측에서 인내할 수 있을지 모르겠다. 만약 애관극장이 엉뚱한 곳에 매각된다면 그 모든 책임은 인천시가 감당해야 할 것이다."

인천시는 애관극장과 협상에 나섰고 애관극장에서 열린 토론회에서 담당 문화체육관광국장이 공개적으로 매입의사를 밝혔다. 그러나 얼마 지나지 않아 인천시는 담당 국장을 교체하면서 뜬금없이 연구 용역을 진행했는데 역사적, 문화적 가치는 있지만 건축적 가치가 충분하지 않다는 이유를 내세우며 애관극장 매입의사를 철회했다. 2022년에 유정복 시장으로 바뀌면서 한 줄기 희망이 보이는 듯했지만, 인천시는 애관극장 활용방안을 내부적으로 심도있게 검토하고 있다는 말만 2년 넘게 되풀이하고 있다.

"애관극장에서 중학생 때 처음으로 '오복성', '쾌찬차' 같은 홍콩영화를 봤다. 애관은 역사적 가치가 있는, 지켜야 할 분명한 이유가 있는 곳이다. 여러 자치단체에서 드라마,

전노민 배우

영화 촬영할 때 지원을 많이 해주는데 애관극장 같은 가치 있는 곳을 지원 못할 이유가 없다. 인천유나이티드도 시민들 세금으로 운영하는 곳 아닌가. 만약에 그들(애관극장 측)이 극장을 민간에 매각한다고 해도 우리가 무슨 자격으로 그들을 비난할 수 있겠는가."

지상렬 개그맨

"인천시민이라면 모두가 애관에 대한 추억이 있다. 애관극장의 팬으로서 극장이 계속 지속되길 바랄 뿐이다. 돈으로 따질 수 없는 가치 있는 극장이기 때문이다. 만약에 애관극장이 없어진다면 우리의 추억이 사라지는 것이다. 항상 늘 함께 있어서 익숙하니까 그 가치를 잘 모르는 것 같아 안타깝다. 지금 대표님이 현재까지 애관극장을 유지하고 계신 것만으로도 대단하다고 생각한다. 감사하다."

탁경란 애관극장 대표

"애관의 오랜 역사를 계속 이어가고 싶은데 코로나 시기가 생각보다 길었고 현재 극장 경영에 어려움이 많은 것은 사실이다. 건설사에서 매입하겠다는 의사를 전해왔는데 그렇게 되면 극장은 아마 사라질 것이다. 인천시가 매입해서 극장을 지켜주길 바란다. 예전에 이곳 동인천에 20개가 넘는 극장들이 존재했는데 애관만 빼고 다 사라지고 말았다. 애관이 현존하고 있다는 것은 기적에 가깝다. 그 기적은 인천시민들이 만들어 준 것이다. 인천시민분들께 진심으로 감사드린다."

인천 신흥초등학교에 다니는 5학년 백정연 학생은 자신의 블로그에 애관극장
의 역사라는 영상을 올려놓았다. 일부를 소개하면 이렇다.

백정연 학생 블로그

"최초의 극장인 애관극장은 한국에서 가장 오래된 극장이야... (중략) 하지만
애관극장은 운영난을 겪으며 매각될 처지에 놓였고 인천시는 애관극장을 매
입할지 정한다고 하였어. 현재 활용방안도 생각 중이라는데 기대되지 않아?
난 기대되네."

인천시는 이제 백정연 학생의 기대에 대답해야 한다.

2021년 7월 8일 애관극장에서 열린 토론회

매표소

1관 입구

복도

애관 자료전시

2층 휴게실

1관 내부, 촬영 유창호 사진작가

1관 내부

관객석

1관 영사실, 촬영 류창현 사진작가

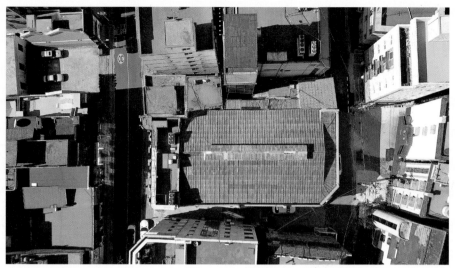
가운데가 애관극장 1관

애관극장 since 1895

정치국, 김봉의, 김봉호, 홍사헌, 김성근, 이용하, 김윤복, 홍사혁, 최복산, 김장복, 김태성, 오법석, 이봉률, 김세완, 탁상덕, 탁경란. 지금까지 애관극장의 사장 명단이다. 129년의 오랜 역사만큼 극장주도 많이 바뀌었다. 그런데 70년 넘게 애관극장에서 근무한 사람이 있다면 믿을 수 있을까. 그 주인공이 바로 이인갑 선생이다.

　1922년생인 이인갑 선생은 13살 때인 1934년에 먹여주고 재워주고 영화도 볼 수 있었던 애관에 취직을 했다. 극장 안에서 좌판에 캐러멜이나 껌 등을 파는 잡일로 시작하여 자전거를 타고 인천 전역을 돌며 선전 간판을 설치했다.

이종복 시인

　　　　　　　　　이종복 시인은 이인갑 선생에 대해 다음과 같이 회고했다.

"이인갑 할아버지는 13살 때부터 애관에서 나팔을 불면서 앞뒤 광고 간판을 두른 샌드위치맨으로 일하셨다. 은퇴한 2007년까지 70년 넘게 한 직장에서 일생을 보내신 분이다. 돈 문제에 대해 깨끗했고 일을 잘 해 애관 사장이 수없이 바뀌었지만 이인갑 부장의 존재는 한결같았다."

이종복 시인의 이야기는 이어졌다.

"나는 개인적으로 그분을 초등학교 때부터 알았다. 우리 집이 떡집을 해서 애관극장과 거래를 했기 때문이었다. 그분 덕분에 애관에서 하는 영화를 무료로 볼 수 있었다. 그분은 키가 작아 아담한 체격이었지만 여자들에게 인기가 많았다. 건달이었던 장동휘와 주먹 싸움을 했던 일화는 인천에서 유명하다. 한국전쟁 때 북한군에게 영사기를 뺏길까봐 극장 뒷마당에 몰래 숨겨놓아서 나중에 표창장과 훈장을 받았다."

이인갑 선생은 20년 이상 근속공로를 인정받아 1959년에 기장증을 받았다. 당시 전국 1,017개 극장을 무료로 입장할 수 있었고 전국에서 단지 14명만이 이 기장증을 소유했다고 한다.

최경출 애관극장 영사기사

"2015년 94세에 교통사고로 돌아가셨다. 송도에 사셨는데 자전거를 타고 극장에 오실 정도로 정정하셨다. 남의 돈에 손 안 대고 일을 잘 하셔서 사장의 신뢰를 받았다. 은퇴 후에도 자주 극장에 놀러 오셨고 탁대표님이 매월 용돈을 주셨다."

김기봉 화백이 이인갑 할아버지에 대한 일화를 들려주었다.

"1950년대 말쯤 홀쭉이와 뚱뚱이로 유명한 양석천과 양훈이 쇼를 위해 애관에 왔는데 배우들이 애관에 오면 애관 뒤에 있는 여관에 머물렀다. 그 당시 빈대가 많아 여관에서

삽화 김혜민

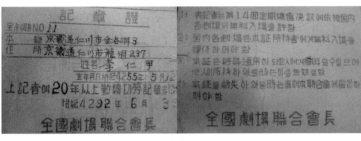

이인갑 선생이 받은 기장증, 제공: 이종복 시인

이인갑, 제공: 이종복 시인

훈장을 받은 이인갑, 제공: 이종복 시인

이인갑, 제공: 이종복 시인

김기봉 전 미림극장 간판 화백

잠을 자기 힘들면 극장 무대 밑에 사과 상자를 이어 그 위에 이불을 깔면 시원하고 빈대 걱정 없이 잘 수 있었다. 그런데 이인갑의 허락 없이는 안 되는 일이었다. 그래서 당대의 배우들이 이인갑에게 잘 보이기 위해 아부도 많이 했다. 연극이나 쇼의 소품도 이인갑이 담당했다. 부족한 소품이 있으면 이인갑이 동네를 돌아다니며 구해왔다. 애관의 오랜 터줏대감처럼 활동했기에 악극단 단장이나 극장주 또한 그를 함부로 대하지 못했다."

최근 애관극장은 심각한 경영난에 처해 있다. 인천시에서 극장을 매입하여 보전하지 않으면 곧 사라질지도 모른다. 이인갑 선생께서 살아계셨다면 이 참담한 상황에 대해 어떤 말씀을 하셨을까.

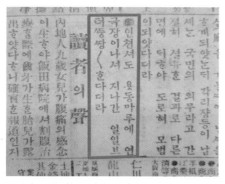

1911년 10월 4일 「조선신문」 언문판, 제공: 한상언

1914년 12월 10일 「매일신보」

1895년

정치국이 협률사 설립, 조선인이 세운
최초의 극장

1911년

10월 1일, 협률사에서 축항사로 변경

1912년

5월, 축항사, 조산부양성소 위생환등회
개최

6월, 축항사, 인천용동기생조합 공연

12월, 축항사, 혁신단 공연으로 영화학
교, 박문학교에 기부

1914년

3월, 축항사, 혁신단 '장한몽' 공연

3월, 축항사, 혁신단 자선연주회

6월, 축항사, 단성사 배응현 일행의 출장

개연

9월, 축항사, 기생연주회

12월, 축항사, 김봉문 일행 연극 중 대소
동 발생

1920년

7월, 축항사, 공제회 인천지회 노동공제
회 총회 겸 강연회 개최

7월, 축항사, 방역 시행장소

1921년

축항사에서 애관으로 변경

3월, '마가진', '이상한 증물', '철완의
향', '문의 언어', '엄봉의 비서' 상영

3월, 애관의 양악대가 축구대회에서 연주

4월, 고종 국장 기록영화 상영

4월, 종두접종

9월, 한용청년회 주최 활동사진회

12월, 동광단 공연

1922년

4월, 이돈화 강연

1923년

3월, 삼등석에도 걸상을 놓는 등 극장
수리

3월, 소년군 선전

6월, 한남권번 가극회

7월, 조선 구파 예성좌 공연

8월, 노동문제 대강연회

1916년 4월 27일 「매일신보」

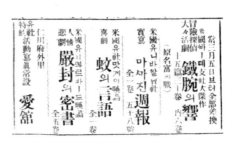

1921년 3월 9일 「동아일보」

1923년 8월 22일 「조선일보」

1924년 3월 20일 「매일신보」

1926년 4월 11일 「매일신보」

1924년

3월, 애관에서 중국인극단 70여 명과 조선인 300여 명 단체 격투사건

4월, 종두접종

5월, '황금의 눈물'과 '연의 산언' 상영

7월, 여자신극 금강단의 신파극 공연

1925년

1월, 제물포청년회 제1회 정기회 개최

8월, 제물포청년회 간담회 개최

8월, 광무대 일행 공연

11월, 이동백 일행 전국 공연을 애관에서 시작

12월, 인천여자청년학술회 발회식

1926년

3월, '해의 비곡' 상영

4월, '쌍옥루' 상영

4월, '오페라 괴인' 상영

4월, 애관 변사 강성렬이 공금 횡령하여 기생과 도망

6월, 이탈리아 영화 '마치스테 지옥정벌' 상영

6월, 순종의 인산 기록영화 상영

11월, 한남권번 공연

1927년

1월, 취성좌 일행 공연

1월, 연쇄극 '사랑의 싹'과 '장한몽' 상영

2월, 정기탁 프로덕션의 제1회 작품 '봉

황의 면류관' 상영

3월, 그리피스 감독의 '동도' 상영

3월, 인천청년도맹 발회식

5월, 광월단 일행 공연

10월, 관객 800명을 수용할 수 있는 르네상스식 건축물로 신축

1928년

2월, 인천신간회 창립기념식 거행

3월, 남녀명창대회 개최. 이동백, 이화중선 등 공연

5월, 어린이날 기념 '참새'와 '빵' 공연

6월, 인천무도대회 개최

9월, 파라마운트 영화 2편 조선 최초상영

9월, 나운규의 '사랑의 찾아서' 상영

1930년

2월, 인천 최초로 발성영화 '야구시대' 상영

5월, '회심곡' 상영

10월, '정의는 이긴다' 상영

11월, 배구자무용단 공연

1931년

1월, 배구자무용단 공연 중 2층에서 화재

3월, 종두접종 실시

7월, 프리츠 랑 감독의 '달의 여인' 상영

1932년

1월, 신불출의 극단 신무대 공연

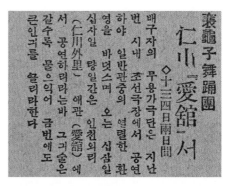

1927년 10월 14일 「매일신보」

1928년 9월 2일 「매일신보」

1930년 11월 13일 「매일신보」

애관 실내 사진, 1933년 2월 7일 「조선일보」

1934년 4월 12일 「조선일보」

5월, 노동절 격문산포 사건

11월, 소성권번 온습회

12월, 보전학생회 연극부 공연

1933년

2월, 윤백남 야담대회 개최

2월, 이규환 감독의 '임자없는 나룻배' 상영

3월, 발성영화 영사기 도입 '지킬박사와 하이드' 상영

4월, '아르센 루팡' 상영

6월, 인천 입육성인순교혈사 영화대회

7월, 유도, 권투, 곤봉, 펜싱경기 등 경인 무도대회 개최

1934년

4월, 극단 신건설 공연

4월, '탄식의 소조' 상영

6월, 포인극장 제1회 공연

7월, 삼남지방의 대홍수 활동사진 상영

8월, 애관야구단 전인천야구대회 4강 진출

1935년

한해 입장객 15만 명 돌파

1936년

9월, 애관 관주 홍사혁과 애관 관원 일동이 수해동정금 기부

1937년

2월, '새로운 땅' 상영

3월, 극예술연구회 공연

7월, 성병영화회 개최

9월, 조권 대 인권 권투대항전

1938년

2월, 최승희의 '대금강산의 보' 상영

10월, '어화' 상영

1939년

8월, 방공방첩 강연 및 연극공연

11월, '신출발' 상영

1945년

8월, 조봉암이 건국준비위원회 인천지부
와 보안대 결성

애관 실내 사진, 1939년 8월 16일 「조선일보」

1946년

6월, '비는 온다' 조선 최초 독점개봉

7월, 극단 자유극장 공연

8월, 황금좌 공연

9월, 벙어리연극단 공연

1946년 애관, 출처 국사편찬위원회, 제공: 주희풍, 김식만

11월, 최인규 감독의 '자유만세' 상영

12월, 제1회 남조선 무용예술 콩클대회

1947년

3월, 인천직장인 유행가 콩클대회 개최

9월, 14회 런던올림픽 파견 레스링 경인
대시합

1948년

3월, 함세덕의 '동승' 공연

4월, 최철이 제작한 '수우' 상영

1948년 애관, 출처: Norb-Faye

9월, 정부수립 기념공연 극단 망향 대공연

1951년 애관, 출처: 김식만의 인천의 어제와 오늘

1954년 애관, 출처: 수도국산달동네박물관

1960년 신문광고

1950년

3월, 정대주최 권법대회

3월, 자유노조기념대회

9월, 인천상륙작전 때 함포사격으로 반파됨

1951년

임시로 세워져 극장 영업을 이어감

1952년

인천문총 주최 제2회 대음악회 개최

10월, 무궁화악극단 공연

1953년

12월, 아세아올림픽 파견 레스링 선발대회 개최

1954년

5월, 애관 신축

1955년

5월, 세계적인 피아노 연주자 세이모어 번스타인의 내한공연

9월, 인천 최초로 입체영화 '타이콘데로가의 요새' 상영

1957년

6월, 인천에서 제작, 촬영된 이강천 감독의 '사랑' 개봉

1958년

8월, 문교부에서 애관 포함 전국 6개 극장에 감사장 수여

1960년

9월, 애관극장 신축

1965년

2월, 신성일 엄앵란 출연 쇼 공연

1971년

7월, 미스터 유니버스 파견 대회 개최

1972년 애관극장, 출처: 국가기록원

1972년

탁상덕(탁경란 대표의 부친)이 애관극장
인수

1989년

인천 최초, 전국 도시 네 번째로 70mm
상영관(현재 1관) 설립

2000년

탁경란(현 애관극장 대표)이 애관극장 인수

현재 애관극장

2004년

1월, 5개관으로 증축

2024년

최초의 조선인 극장이자 현존하는 가장
오래된 극장. 129년 역사 진행 중

가부키는 음악과 무용, 기예가 어우러진 일본의 전통 연극이다. 가부키좌는 그런 공연을 하는 극장이다. 인천가부키좌는 조선 최초로 회전무대와 하나미찌(화도)를 겸비한 일본인 극장이었다. 해안을 매립한 300평 대지 위에 일본의 가부키좌를 그대로 재현했다. 1905년 인천가부키좌를 시작으로 서울과 평양, 부산에도 가부키좌가 설립되었다. 인천가부키좌는 2층 건물로 빈정1가(사동)에 위치했다. 130개의 전등과 1,000명을 수용할 수 있었던 다다미 방석에 앉는 좌식극장으로 조선 제일의 시설을 자랑했다.

인천가부키좌에서 활동사진을 상영했다는 기사(1908년 4월 30일 「황성신문」)가 있다. 가부키 공연뿐만 아니라 연극 공연, 슬라이드, 영화 상영, 강연 등이 펼쳐진 복합문화공간이었다. 일본인 극장으로 출발했지만, 나중에는 조선인들도 인천카부키좌에 입장할 수 있었다.

김도산의 신극좌가 단성사에서 연쇄극을 한 후 인천가부키좌에서 열흘 동안 공연할 것이란 기사(1919년 11월 20일 「매일신보」)도 볼 수 있다. 연쇄극은 연극과 영화가 결합된 형태를 말한다. 연극이 펼쳐지다가 어떤 장면에서 스크린에 화면이 영사된다. 김도산은 조선인 최초로 연쇄극을 만든 인물이다. 1919년 10월 27일 서울

1924년 4월 17일 「시대일보」

1919년 11월 20일 「매일신보」

1932년 12월 19일 「조선신문」, 인천부민대회가 열렸는데 무대와 객석이 동시에 보이는 사진이다.

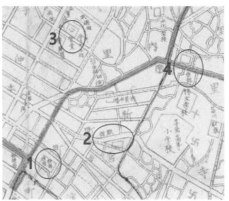

1920년대 초반 인천부전도, 출처: 국립민속박물관, 1.인천가부키좌, 2.표관, 3.공회당, 4.애관, 걸어서 10분 정도 되는 거리에 4개의 극장이 몰려있었다.

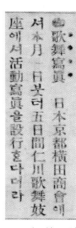

1908년 4월 30일 「황성신문」

1925년 3월 12일 「매일신보」

인천가부키좌와 단원들의 모습, 출처: 경성부지권, 제공: 한상언

단성사에서 한국 최초의 연쇄극 〈의리적 구투〉를 공연했는데 본 기사를 살펴보면 그 후 인천 공연을 시작으로 전국에서 순회 공연 계획이라고 한다.

1924년 제물포청년회에서 주최한 인천 청년의 소인극이 인천가부키좌 무대에서 펼쳐졌다. 소인은 '아마추어'를 뜻하는 일본어다. 소인극은 말 그대로 아마추어 연극이다. 1920년대 사회 계몽적 대중운동으로 소인극 운동이 전개되었다.

인천가부키좌 객석이 보이는 최초의 사진(1925년 3월 12일 「매일신보」)은 기근구제연극회에 입추의 여지 없이 관객들이 몰려든 것을 볼 수 있다.

> "축지활판소에서 돌연 불이 나서 동 활판소를 전부 태우고 인천 제일의 대극장인 가무기좌(가부키좌) 등을 전부 태우고…"
>
> (1935년 9월 25일 「매일신보」)

1935년 축지활판소에서 불이 나서 인근 여관, 상점, 주택과 인천가부키좌가 소실되고 말았다. 부내 소방대가 총출동했고 인천항에 정박 중이던 군함 수병까지 동원하여 진화했던 큰 화재였다. 그리고 1939년 조취인천지점이 경성으로 이전하면서 그 자리를 회사, 극장, 상점 중 어떤 것으로 만들지 논의가 되었다. 가장 유력한 게 인천가부키좌 재설립이었는데 결국은 실행되지 않았다.

1935년 9월 25일 「매일신보」

옛 인천가부키좌 자리

1939년 6월 4일 「동아일보」

옛 인천가부키좌 위치

2장

표관(瓢舘)(1914),
해마극장(1945),
문화관(1947~1950),
키네마극장(1961~1973)

1914년에 설립된 표관(瓢舘)은 '박집'이란 특이한 명칭의 일본인 극장이었다. 근사하게 생긴 2층 건물로 관객 900명을 수용했다. 당시 유행하던 건축양식으로 서양과 일본의 절충형식이었다. 표관이 설립된 시기에 인천에는 인천가부키좌, 죽원관 그리고 축항사가 있었다. 축항사는 유일한 조선인 극장이었지만 작은 규모였고, 표관과 인천가부키좌는 빼어난 시설과 규모를 자랑했다. 표관과 가부키좌는 둘 다 일본인 극장이었지만 흥행계의 치열한 경쟁 관계였다. 표관으로 들어가려면 남자는 왼쪽 출입구로, 여자는 오른쪽 출입구로 구분되어 입장했으며 관객석은 다다미에 방석이 깔려있었고 나중에 긴 나무 의자로 바뀌었다.

> "인천활동사진관의 대성황. 인천 사정에 신축중이던 상설활동사진관 표관은 지나간 삼십일에 비로소 전부를 준성하고 부내에 내외국 유지신사 삼백 여 명을 표관으로 초대하야 성대한 개관식을 거행한 후…"
>
> (1914년 11월 3일 「매일신보」)

1914년 10월 30일에 표관이 개관했다. 인천부내 내외국 유지 신사 300명을 초청하여 개관식을 거행했고 그다음 날인 10월 31일부터 영업을 시작하여 한동안 밤마다 불야성을 연출하며 성황을 이루었다. 표관은 인천 최초의 상설영화관이었다. 다른 극장과 마찬가지로 영화 상영뿐만 아니라 연극 공연, 집회, 강연 등의 장소로도 활용되었다.

1926년 한 해 동안 표관과 가부키좌 두 곳의 흥행수입이 47,200여 원이었고 애관은 11,080여 원이었다. 표관과 가부키좌는 일본인 극장이었지만 조선인 변사를 기용하는 등 조선인 관객 유치에 적극적이었다.

인천독자위안대회로 영화를 무료로 상영했다는 기사(1927년 8월 30일 「조선신문」)는 지금까지 발견된 표관의 첫 내부 사진을 보여준다.

1928년 6월 27일 기사에도 표관의 내부 사진이 실려있다. 상당히 시설이 좋고 큰 규모였다. 이날 1,300여 명의 관객이 몰렸다고 한다.

1939년 이천 명의 관중 환호 속에서 동경 재학생 초빙 시합이 성황리에 개최되었다. 표관에 특설링이 설치되었고 사진에 등장하는 이규환과 문춘성의 대결이 가장 치열했다고 했다. 그동안 자료를 찾다 보면 애관이나 표관 등에서 권투 경기, 레슬링 대회, 심지어 펜싱 경기까지 펼쳐졌다는 기사를 종종 볼 수가 있었다. 과연 어떻게 했을까 상상만 했는데 이 사진을 발견하고 매우 기뻤다.

1930년대 표관의 모습은 개관 당시 사진과는 많이 바뀌어 표관이란 극장명만 없다면 다른 극장처럼 보일 정도다.

표관은 1945년 해방 후 미군정이 '해마극장'(Sea horse theater)으로 사용했다. 당시 인천뿐만 아니라 전국의 많은 극장들이 미군정에 의해 미군들을 위한 극장으로 사용되었다. 서울 부민관은 '24군단극장'으로 서울 국도극장은 'Seoul city command theatre'로 사용되었다.

1947년 인천시가 미군정에게 인수받아 표관을 문화관으로 바꾸어 직영했다.

1965년 문화관에서 인천상업중학교(현 인천고등학교) 밴드부 발표회가 개최되었다. 문화관의 내부 모습을 볼 수 있는 유일한 사진이다(1965년 7월 17일 문화관 내부, 출처 김탁수, 인천 학생 6·25참전관). 우측에서 세 번째가 밴드부장인 최경환인데 나중에 인천학도의용대 군악대장으로 활약했다. 인천 학생 6·25참전관은 16살에

1914월 11월 3일 「매일신보」

표관 초창기 모습, 출처: 인천역사자료관

1927년 3월 2일 「조선일보」

1927년 8월 30일 「조선신문」

1928년 6월 27일 「조선신문」

1939년 8월 20일 「조선일보」

1930년대 표관, 출처: 모던인천시리즈1 조감도와 사진으로 보는 1930년대

1947년 1월 14일 「대중일보」

1965년 키네마극장, 출처: 경기사진대관

1972년 키네마극장, 출처: 국가기록원

1943년 표관, 출처: 국사편찬위원회, 제공: 주희풍, 김식만

1965년 7월 17일 문화관 내부, 출처: 김탁수, 인천 학생 6·25참전관

옛 키네마극장 자리, 현재 신포동 하나은행

학도병으로 자원입대했던 이경종 선생이 한국전쟁 중에 전사한 인천 학생들을 기리기 위해 설립했다. 지금은 부친의 뜻을 이어받아 이규원 치과 원장이 자료를 모아 추모와 기억의 공간으로 운영하고 있다.

문화관은 한국전쟁 중에 소실된다. 10년 동안 나대지로 방치되었다가 그 자리에 1961년 키네마극장이 지어졌다.

개관 이후 얼마 지나지 않아 키네마극장은 영화 수입 제작사이자 서울 대한극장을 소유했던 세기상사에 인수되었다. 세기상사가 수입했던 불후의 명작 〈벤허〉는 키네마극장에서 한 달 동안 상영되었다.

1972년 키네마극장 사진에 간판을 보면 〈사운드 오브 뮤직〉을 상영 중이다. 사진 왼쪽에 동방극장이 보인다. 키네마와 동방극장은 바로 코앞 거리였다.

1973년에 경영난으로 폐관되었고 외환은행에 소유권이 넘어갔다. 지금 신포동 하나은행 자리다.

옛 표관 위치

3장

공회당(1922),
시민관(1957),
제일회관(1968~1970)

공회당은 오늘날 시민회관 같은 곳이다. 전국 지역마다 공회당이 있었다. 인천부립 공회당은 1922년에 설립되었다. 지하는 인천상공회의소로 활용되었고 1층에 요리실과 당구장이 있었으며 2층에는 무려 1,000명을 수용할 수 있는 큰 강당이 있었다.

1924년에 인천의 국제청년데이 대강연회가 개최되었다. 조봉암, 정수일, 김종범 등이 강연을 했다. 특히 조봉암은 인천 청년들에게 큰 호응을 얻었고 이를 계기로 인천에 정치적 발판을 마련할 수 있었다.

1927년 경성반도여자학원의 경비를 마련하기 위해 「매일신보」와 「동아일보」, 「조선일보」, 「중외일보」 4개 신문사가 모여 후원을 했던 특별음악무도연극대회가 열렸다. 반도여자학원은 3.1운동 이후 여성 계몽 교육 운동론이 사회적 과제로 대두되면서 경성을 중심으로 생겨난 대표적 여성단체였다. 끊임없는 박수갈채가 쏟아졌고 대성황을 이루었다.

공회당은 큰 규모의 다목적공간이어서 때로는 전시장으로 활용되기도 했다. 1930년에는 인천생산품전람회와 국산품염매회가 펼쳐졌다.

1948년 조선에서 처음 보는 인형극을 했다. 만원사례였고 특히 학생과 아동들의 인기를 끌었다.

초기 공회당

1924년 9월 4일 「시대일보」

1927년 3월 7일 「매일신보」

1934년 공회당, 출처: 인천부사

1930년 9월 26일 「매일신보」

1948년 2월 15일 「대중일보」

1949년 11월 12일 「대중일보」

1955년 시민관 신축 기사, 출처: 김식만 '인천의 어제와 오늘'

1950년대 후반 시민관, 출처: 최성연, 화도진도서관

1958년 시민관 내부, 출처: 국가기록원

1959년 시민관 앞 박문여고 학생들, 출처: 박문여고 졸업앨범, 「굿모닝인천」

1960년대 시민관, 출처: 최성연, 화도진도서관

1977년 인성여고 체육관, 출처: 인성여고 졸업앨범, 「굿모닝인천」

1969년 지도, 출처: 김식만

현재 인성여고 다목적관

황금일 여사가 칼빈 총탄을 복부로 받아내는 것을 실제로 보여준다는 광고(1949년 11월 12일 「대중일보」)도 볼 수 있다. 세상에 이런 공연을 했다니 믿기가 힘들다. 그러다가 1950년 한국전쟁 중에 공회당이 소실되었다.

1955년 7월. 미군의 원조로 옛 공회당 자리에 시민관이 3층으로 신축되어 1957년에 개관했다.

1958년 인천시민의 밤이 개최되었다. 사진을 보면 시민관은 상당한 규모의 세련되고 모던한 공간이었다.

1959년 '시민관 앞 박문여고 학생들'이 보이는 사진에 영화 간판이 보인다. 〈구혼결사대〉라는 영화로 김희갑, 구봉서, 곽규석, 조미령 등이 출연했는데 세 사람의 노총각들이 결혼하기 위해 레코드 회사를 차려 신인 여가수를 모집하면서 벌어지는 사건을 그린 로맨틱 코미디영화였다.

1968년 시민관은 인천제일교회에 매각되어 제일회관으로 변경되었지만 영화 상영을 이어갔다. 그리고 1970년 인성여고 체육관으로 개축되었는데 건물 입구에 매표소의 흔적이 남아있다. 인성여고는 농구부가 유명했다. 그 당시 체육관 안에 들어간 적이 있었다. 농구부가 연습 중이었고 코트 좌우에 관중석이 있었는데 위층에서도 경기를 내려다볼 수 있는 구조였다. 현재 인성여고 다목적관 자리다.

옛 공회당 위치

4장

낙우관(1937),
동보영화극장(1938),
인천키네마(1943),
동방극장(1945~1981)

인천가부키좌가 화재로 전소된 이후 인천에 극장은 애관과 표관 밖에 없었다. 당시 인천의 인구가 10여만 명에 달했지만, 오락 기관은 부족했다. 그러던 중 1937년 5월에 일본인 극장 낙우관 착공식이 성대히 거행되었다. 2층 콘크리트로 지어졌고 낙우관은 동방극장의 출발이 되었다.

1937년 인천의 영화상설관 흥행 기록을 보면 애관 입장객이 145,000명이었고 표관은 182,640명이며 낙우관은 2,470명이었다. 그밖에 가설극장 입장객이 9,700명에 달했다.

1938년 12월 31일에 낙우관이 동보영화극장으로 변경되면서 봉절관(개봉관)이 되었다. 이때 다다미에서 의자로 시설을 개조했다. 1937년에 일본의 동보(도호)영화사가 조선에 진출하면서 미리 자리 잡았던 송죽(쇼치쿠)영화사와 본격적인 경쟁을 벌였다. 동보는 경성에 동보영화사를 설립했는데 그게 스카라극장의 전신인 약초동보극장이었다. 그리고 1938년 인천에도 동보영화극장을 설치했다. 이로써 애관과 표관, 동보영화관의 삼파전이 시작되었다. 특히 표관 바로 코앞에 동보영화관이 있어 두 극장의 신경전이 심했다.

1943년에 동보영화극장은 인천키네마로 변경되었다(인천키네마와 키네마극장은

1937년 5월 5일 「매일신보」

1938년 2월 2일 「동아일보」

1938년 12월 31일 「동아일보」

1943년 7월 16일 「매일신보」

인천키네마, 출처: 국사편찬위원회, 제공:
주희풍, 김식만

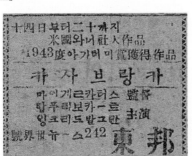
1947년 6월 17일 「대중일보」

동방영화극장 대표 홍사헌

다른 극장이다). 정원이 370석으로 아담한 규모였다.

당시 전국극장의 등급을 1급관에서 11급관까지 나눴는데 1급관의 입장료는 80전이었고 11급관은 25전이었다. 인천키네마와 표관은 2급관으로 75전이었다.

1945년 해방이 되면서 인천키네마는 동방극장으로 바뀌었다. 해방 후 전국의 일본인 극장들은 적산 처리되어 조선인에게 돌아갔고 그때 극장 이름이 모두 바뀌었다. 명치좌는 국제극장으로, 약초극장은 수도극장으로, 대륙극장은 단성사로 바뀌었다. 동방극장은 3층 영사실과 1층 스크린과의 거리가 가까운 협소한 극장이었지만 좋은 외화를 많이 상영해서 인기 있는 개봉관이었다.

1947년 "당신의 눈동자에 경배를"이란 대사로 유명한 명작 〈카사블랑카〉가 동방극장에서 상영되었다.

1950년 인천에 있던 영화제작사 청구사진문화사(대표 김철세, 최성연)가 제작한 〈심판자〉가 상영되었다. 김성민이 연출했고 이향, 남해연 등이 출연했다.

같은 해 청구사진문화사와 함께 인천에 있던 영화제작사 성보영화사(대표 원용일)에서 제작한 〈사랑의 교실〉이 동방극장에서 개봉되었다. 조우성 시인의 부친인 조수일 선생이 시나리오를 썼다.

1955년 동방극장의 사진 오른쪽 간판에 오드리 헵번과 그레고리 펙이 주연을 맡았던 〈로마의 휴일〉이 보인다. 오드리 헵번은 이 영화로 각종 영화제 여우주연상을 수상했으며 그녀의 숏컷은 '헵번 스타일'로 전세계에 유행했다. 최고의 로맨스 명작으로 평가받는다.

1958년 사진을 보면 홍예문에 걸린 동방극장 광고판이 무척 이색적이다. 1957년 개봉한 〈황혼열차〉는 김지미의 데뷔작이다.

1965년의 사진에는 007시리즈 제2탄 숀 코네리 주연의 〈007 위기일발〉 간판이 걸려있다. 숀 코네리는 007시리즈 1탄 〈살인번호(닥터노)〉를 시작으로 〈위기일발〉, 〈골드핑거〉, 〈선더볼 작전〉, 〈두 번 산다〉, 〈다이아몬드는 영원히〉, 〈네버 세이 네버 어게인〉 등 7편에서 본드 역을 맡았다. 그는 90세의 나이로 2020년에 세상을 떠났다.

동방극장은 1981년에 폐관되어 상가 건물이 지어졌고 스탠드바와 교회 등이 들어섰다. 그러다 그 상가마저 허물고 한동안 주차장으로 활용되다가 2018년에 지

1950년 1월 7일 「대중일보」

1950년 4월 7일 「대중일보」

1958년, 출처: 동산고 졸업앨범, 「굿모닝인천」

1955년 동방극장, 출처: 인천여고 졸업앨범, 「굿모닝인천」

1965년 출처: 경기사진대관

눈꽃마을

금의 눈꽃마을이 세워졌다.

김윤식 시인

"동방극장이 어느 날 갑자기 사라졌는데 그걸 지켜내지 못한 게 너무 아쉽다. 인천시민으로 부끄럽다. 동방극장은 작지만 좋은 외화를 많이 상영한 극장이었다. 동방극장 건물을 살려서 그곳에 인천영화박물관을 만들었다면 얼마나 좋았겠는가. 인천은 최불암의 부친인 최철과 조수일, 최성연 같은 영화제작자와 유신방, 황정순, 도금봉, 장동휘, 최불암, 황신혜 등등 많은 영화인들을 배출한 도시다. 그들의 작품과 유품을 전시했다면 얼마나 가치 있는 일이겠는가. 몇 번 건의했는데 기껏 엉뚱한 것을 만들어놓았다."

옛 동방극장 위치

나에게 강화도는 고려 황궁, 강화도조약, MT로 기억되는 곳이다. 인하부중을 다닐 때 전등사로 소풍을 갔었고 대학 시절 강화도는 인기 MT 장소였다. 강화도는 우리 나라에서 4번째로 큰 섬으로 강(江)을 끼고 있는 좋은(華) 고을이라는 뜻이다. 강화도는 섬 전체가 유네스코 세계문화유산으로 지정될 만큼 역사, 문화, 관광 모든 면에서 인천의 보물 같은 곳이다.

"연이어 밤마다 만원의 인기. 시민독자위안회. 본보 강화지국에서는 시내 애독자를 위안하기 위해 극단을 초빙하여 극회를 공개한다 함은 이미 본보에 투보한 바 예정보다 계획을 넓혀 독자와 일반시민위안회를 하기로 하여 지난 10일과 11일 양일을 택하여 상시가 가설극장에서 공연한바 예제로는 근대극으로만 골라서 〈가거라 아버지에게로〉, 〈여성의 일생〉, 〈도회의 풍경〉 등 명작 수편을 상연한바 장내는 입추의 여지조차 없는 근래 드문 성황리에 끝마쳤다."

(1932년 9월 18일 「동아일보」)

〈가거라 아버지에게로〉는 취성좌 천한수의 대표 창작극이다. 천한수는 1911년

19세기 후반 강화부지도, 출처: 강화군청

1929년 조선극장 주보, 출처: 한국영상자료원

1935년 9월 12일 「조선중앙일보」

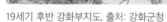

1935년 1월 23일 「조선일보」

1932년 9월 18일 「동아일보」

최초의 신파극단인 혁신단의 창단 멤버로 입단하여 배우 활동을 시작했다. 혁신단에서 함께 활동했던 김소랑이 1918년 취성좌를 창단하자 취성좌로 옮겨 많은 대본의 각색, 창작을 맡았고, 연출가로도 활동했다. 당시 일류극단이 화제의 프로그램으로 강화를 방문했으니 입추의 여지가 없는 대성황이었다.

　　당시 극단들은 경성에서 출발하여 전국 순회 공연을 하러 다녔는데 서북 순연은 인천과 개성을 거쳐 평양, 의주까지 가는 코스였다. 서남 순연은 인천, 군산, 전주, 목포 코스였다. 인천에서는 애관이 중요 거점극장이었고 강화도는 순회 공연 코스에서 제외되기에 십상이었다. 무엇보다 배를 타고 들어가는 것이 상당한 부담이었다. 극단의 배우들과 제작진을 비롯하여 무대장치 등을 이끌고 강화도 공연에 나선다는 것은 여러 가지로 부담이 될 수밖에 없었다. 그래서 강화도 초기에 나오는 극장 관련 기사는 모두 가설극장에 관한 것이다. 어쩌다 한번 극단이 방문하니 상설극장이 필요 없었을 것이다. 극단을 초대하는 역할은 「조선일보」와 「동아일보」 등 언론사가 담당했다. 지역사회에 공헌하는 일이기도 했고 독자를 확보하기 위한 이벤트였기 때문이었다.

　　"시민 위안 영화의 밤. 강화지국 주최. 본보 강화지국 주최로 오는 23일, 24일 양
　　일에 읍내 상시장에서 시민 위안 영화대회를 개최하기로 한바 요금은 대인 30
　　전, 소인 20전이라 하며 독자에 한하여 특별히 할인하여 20전 균일이라고 한다."
　　　　　　　　　　　　　　　　　　　　　　　　(1935년 1월 23일 「조선일보」)

　　강화에서 영화가 상영되었다는 (지금까지 발견된) 첫 기사를 보았다. 아쉽게도 상영 영화가 무엇인지는 표기되지 않았다.

　　1936년 아래위장판(현재 중앙시장)에서 백두산 탐험 비행의 활동사진이 상영되었다. 상영하는 날이 마침 장날이라 1만여 관중이 몰려 대성황을 이루었다. 관객 모두가 서서 영화를 보는 모습이 이채롭다. 매우 귀한 사진이 아닐 수 없다. 그리고 47년 후 이곳에 중앙극장이 설립된다.

　　강화에도 공회당이 있었다. 1920년대에 성현성모공회당이 있었고 1935년에는

잠두공회당에서 '시민위안영화의 밤' 행사로 영화를 상영하기도 했다. 그러나 공회당 규모가 작았던 것으로 보인다. 당시 신문 기사를 살펴보면 강화군민의 숙원사업 중 하나가 강화공회당 설립과 공설운동장 신설이었다. 한때는 강화산업전람회관을 공회당으로 전환하려고 모색하기도 했다.

> "강화공회당 낙성식 거행(15일)"
>
> (1954년 11월 27일 「경향신문」)

그러다가 1954년에 비로소 공회당을 건립했다. 그 후 육군 대 공군 권투 시합, 강화중고등학교 웅변대회 등이 펼쳐졌다.

강화군청에서 발간한 '통계연보'에 따르면 강화극장은 1963년에 설립되었다. 개관 당시 연 관람 인원이 6만여 명에 달했고 1971년에는 16만 명으로 늘었다. 그러나 TV의 보급으로 인해 점차 관객이 줄더니 1992년에는 1,200명으로 확연히 줄었다. 결국 1992년에 폐관하고 말았다.

그런데 1959년 신문에 강화극장 관련 기사가 나온다. 강화극장이 있었는데 1963년에 현재 베다니교회 자리로 옮기면서 신축한 것인지 아니면 설립 시기가 1963년이 아닌 1950년대인지 지금으로는 알 수가 없다.

> "김후보 또 입건. 선거법 위반 김형일, 송원영 의원도. (중략) 검찰에 의하며 김후보 등은 지난 17일 경기도 강화군 강화극장과 김포읍 우파래극장에서 가진 순회 강연에서 '10년 동안 집권한 현 정권은 이번 기회에 꼭 바꿔야 한다'는 등 사전선거운동을 했다는 것이다."
>
> (1971년 1월 20일 「동아일보」)

강화극장에서 열린 김대중 순회 강연 기사다. 김대중은 1970년 신민당 대통령 후보 경선에서 김영삼을 누르고 승리했다. 김대중은 대선을 앞두고 전국을 돌며 시국 강연회를 시작했다.

1936년 5월 24일 「조선중앙일보」

1959년 2월 6일 「조선일보」

강화베다니교회, 옛 강화극장 자리

1954년 11월 27일 「경향신문」

1971년 1월 20일 「동아일보」

1983년 중앙시장에 중앙극장이 문을 열었다. 그러나 적자로 인해 5년 만에 폐관했다.

2013년 문화체육관광부가 영화 향유 격차 해소를 위해 영화 상영관이 없는 전국 109개 기초지자체를 대상으로 '작은영화관' 사업을 공모했다. 화천, 울진, 영천, 삼척 등과 함께 강화군이 선정되었고 강화문예회관 2층 소공연장을 리모델링하여 1개 상영관 87석 규모로 2015년에 개관했다. 20년이 지나서야 강화에 다시 영화관이 생겼다.

강화작은영화관

중앙시장 A동

옛 중앙극장, 강화극장, 현재 강화작은영화관 위치

6장

인천영화극장 (1942~1972), 동인천극장(1987~1996)

"인천영극 개관. 인천부 상인천역 앞에 건축 중이던 인천영화극장(정원 600
명)은 이번에 준공되어 7월 9일부터 개관하기로 되었다. 뉴스문화영화 전문
관으로 전국에서 제7번째의 신관이다."

(1942년 7월 2일 「매일신보」)

인천영화극장의 정식 개관은 1942년 7월 9일이다. 위치는 인천부 용강정 22로
지금의 동인천역 앞이다. 극장 위치로는 인천에서 가장 좋았다. 2층 벽돌 건물로 인
천의 부호 이홍선과 일본인이 합작 출자한 극장이었다. 뉴스문화영화 전문극장으로
는 7번째 극장이었다. 뉴스문화영화
란 다큐멘터리를 포함하여 교육 영
화, 계몽 영화, 뉴스 영화, 홍보 영화
등을 말한다. 당시 일본제국주의 선
전용으로 활용되었다.

편인철 인천시민

"동명학원 다닐 때 단체관람으로 인

이는 편인철 인천시민의 인영극장에 대한 기억이다. 인영극장은 초기에는 뉴스
문화영화 전문극장으로 주로 교육용 영화를 상영했기에 어린 학생들이 많이 동원
되었다. 당시 애관이 극장의 대명사로 일본어로 '아이깡'이라 불렸다. 그래서 어린이
극장이었던 인영극장을 '고도모 아이깡'이라 불렀다. 고도모(こども)는 어린 아이라
는 뜻이다. 시간이 지나면서 어린이 교육용 영화뿐만 아니라 성인을 위한 연극 공연
과 영화 상영을 했다.

1934년 조선금강영화사에서 제작한 〈청춘의 십자로〉를 상영했다. 안종화가 연
출하고 이원용, 신일선이 주인공이었다. 다행히 필름이 남아있어 현존하는 가장 오
래된 영화가 되었다.

1960년 인천시장은 인영극장이 낡고 붕괴 위험 건물이라는 이유로 극장개축
명령을 내렸다. 그래서 1961년 인영극장을 새롭게 신축했다.

1970년대에 TV로 인해 극장 산업이 어려워지자 김태진 사장은 1972년에 인영
극장을 허물고 그 자리에 인영빌딩을 세웠다.

1987년 김보섭 작가는 아버지의 뒤를 이어 인영빌딩 3층에 극장을 개관했다.
처음에는 태양극장이었는데 곧바로 동인천극장으로 개명했다. 동인천극장은 100석
정도로 작은 극장이었는데 〈개 같은 내 인생〉, 박광수 감독의 〈그들도 우리처럼〉 같
은 작품성 있는 영화를 많이 상영했다.

1996년 폐관하는 날에 직원들이 단체 사진을 찍었다. 김보섭 작가는 마지막 상
영작으로 〈라스베가스를 떠나며〉를 선택했다. 그는 "동인천극장은 위치는 좋았지
만, 주위의 인형극장, 애관극장의 견제로 상업성 있는 영화를 가져오기 힘들었다.
적자는 아니었지만, 수익이 별로 생기지 않았다. 결국 당시 서울신탁은행에 매각했
다"고 회고했다.

1942년 7월 2일 「매일신보」

1946년 9월 12일 「대중일보」

1952년 인형극장

1961년 인영극장 개관포스터, 제공: 김보섭 사진작가

1965년 출처: 경기사진대관

1972년 인영극장, 출처: 국가기록원

제공: 김보섭 사진작가

1996년, 제공: 김보섭 사진작가. 우측에서 세 번째가 김보섭

1989년 〈개 같은 내 인생〉 상영

2016년 김보섭 작가, 예전 그 자리에서

사진 중앙 건물이 극장이 있었던 자리

옛 인영극장 위치

7장

부평극장(1943~2002)

부평은 부평평야의 넓은 들을 중심으로 삼국시대에는 고구려의 주부토군으로, 통일신라시대에는 장제군으로, 고려시대에는 계양, 부평 등으로, 조선시대에는 부평도호부로 불렸다. 1914년에 부천군 부내면으로 편입되었다가 1940년에 와서 인천부에 편입되었다.

　　인천도호부청사가 현재 문학초등학교 안에 있는데 부평도호부청사도 부평초등학교 안에 있다. 정확히 말하자면 문학초등학교가 옛 인천도호부 자리에, 부평초등학교가 옛 부평도호부 자리에 세워진 것이다. 부평도호부청사는 총 23동 238칸의 웅장한 규모였다고 하는데 현재는 一자 형태의 한 개의 건물만이 남아 있다.

　　1899년에 최초의 철도인 경인 철도가 개통된다. 인천역~축현역~우각역~부평역~소사역~오류역~노량진역 등 7개 역이었다. 이때 부평의 중심이 부평역 인근으로 바뀐다. 1930년대에 일제는 중국 침략을 위해 부평역 인근에 조병창을 세우고 각종 무기와 잠수함까지 만들었다. 그러면서 급속도로 부평의 인구가 늘어났다.

"상설극장 부평에도 설치. 약진도상에 있는 신흥도시 부평에 그 문화 선양을
위하여 상설극장 설치 문제가 오랫동안 숙제로 되어있던 지난 21일부로 부평

부평도호부청사

대동여지도

1943년 7월 27일 「매일신보」

1945년 1월 5일 「매일신보」

부평역 초기, 출처: 최성연, 화도진도서관

1956년 부평영화극장, 출처: 인천사진대관

1949년 4월 6일 「연합신문」

아베 씨에게 경기도 당국으로부터 상설극장 설치인가가 나고 24일에는 건축
허가가 났다. (중략) 극장명은 '부평영화극장'이라 하고 뉴스문화영화 등을 매
일 상영하게 되어 부평 발달에 새 기록을 남기고 늦어도 오는 12월에는 개관
될 예정이다."

(1943년 7월 27일 「매일신보」)

1940년 부평은 월평균 8천 명씩 증가하여 인구가 5만 명에 달했다. 극장이 생
기는 것은 자연스러운 일이었다. 부평극장은 1943년에 일본인이 설립한 극장으로
개관했다.

"영화극장서 수익금 헌납. 부평영화극장에서는 섣달그믐날과 정월 초하룻날
수입에서 수익금 3백 원을 육해군 휼병금으로 받쳐달라고 2일 본보 부평지국
에 헌금기탁하였다."

(1945년 1월 5일 「매일신보」)

일본제국주의 패망이 가까워지자 일제는 각종 물품을 차출하여 전쟁에 동원
했다.

"인천극협좌담회. 극장 운영을 협의. 인천부내 5개 극장(부평 포함)으로 조직
된 인천극장협회에서는 지난 25일 하오 6시부터 부내 명월관에서 부청 경찰
언론계, 사회단체 관계자들을 초빙하여 30만 시민의 유일한 위안처이며 문
화기관인 극장 운영의 당면한 위기 타개책에 대한 좌담회를 개최하였다 한
다…"

(1949년 4월 6일 「연합신문」)

당시 인천에는 애관, 문화관, 동방극장, 인영극장, 부평극장 등 5개 극장이 있었
다. 1949년 인천 5개 극장은 국민 생활이 불안정한데 극장 입장료도 대폭 인상되어

1972년 부평극장, 출처: 국가기록원

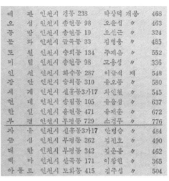

1975년 출처: 영화백과 제1집, 한국영화데이터베이스

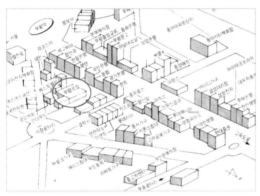

1994년 4월 11일 「매일경제」

옛 부평극장 자리

옛 부평극장 위치

관객이 줄어들자 위기를 느끼고 명월관에 모여 좌담회를 했다.

1954년에는 입장 인원 18,197명을 기록하여 인영극장과 문화극장을 앞질렀다.

부평지역의 극장은 나에게는 낯선 곳이다. 단 한 번도 부평의 극장에서 영화를 본 적이 없었기 때문이다. 인하부중을 다닐 때 친구가 부평에 살아서 처음으로 가봤는데 왠지 부평은 인천 같지 않고 다른 시처럼 느껴졌다. 바닷가와 내륙지대의 차이만큼 간극이 있었고 간석동에서 부평으로 넘어가는 원통고개가 마치 시 경계와도 같았다.

1975년 당시 부평극장이 776석으로 인천지역에서 가장 좌석 수가 많았다.

부평극장의 자세한 위치와 당시 주변 상점들을 볼 수가 있다(1994년 4월 11일 『매일경제』). 동인천을 능가하는 번화가였고 부평지하상가는 무려 1.8km에 달해 전국 최대 규모였다. 미로와 같아 부평지하상가에 들어가면 자주 방향을 잃곤 했다.

〈투캅스〉를 연출한 강우석 감독이 설립한 시네마서비스가 극장업에 진출하면서 2001년 부평역사에 부평키넥스5를 개관했다. 갑자기 5개 극장이 생긴 셈이었다. 결국 부평극장은 2002년에 역사 속으로 사라지게 되었다.

송현동에 살 때 송현초등학교에 가려면 늘 인천중앙교회 옆을 지나가야 했다. 이곳이 옛 항도극장 자리였다.

> "항도극장 낙성개관. 금본 도경찰국 후생계에서는 국제항도의 문화발전에 기여하는 동시 도경찰국 후생업을 도모코저 그간 인천 답동공지를 이용하여 인천 최대의 가설극장을 건축 중이든바 드디어 지난 18일에 낙성되어 20일 하오 1시 각계각층 다수 참석하여 성대한 개관식을 거행하였다."

항도극장은 1949년 9월 18일에 낙성되었고 9월 20일에 개관했다.

1950년 1월에 항도극장에서 〈천하일색 양귀비〉 공연을 한 황금좌는 원우전, 서일성이 활약했던 대중적인 극단이었다. 원우전은 조선 최초의 무대미술가로 평가받는데 인천의 칠면구락부에서 활동하면서 외리의 상점 간판을 모두 현대적으로 바꿔놓았다. 서일성은 인천 출생으로 칠면구락부 연기자로 활동했으며 이를 발판으로 조선 최고의 배우가 되었다.

1950년 2월, 동방예술좌의 〈황진이〉 공연이 열렸다. 항도극장은 글자 위주의

송현초등학교

1949년 9월 22일 「한성일보」

인천중앙교회

1950년 2월 18일 「대중일보」

1950년 1월 27일 「대중일보」

1950년 3월 30일 「대중일보」

1950년 4월 12일 「대중일보」

기존 극장 광고와는 다르게 삽화를 그려서 적극적인 마케팅을 펼쳤다.

1950년 3월에 악극단 신천지의 〈누구의 죄냐〉라는 작품과 〈칠보부자 서울에 왔다〉라는 이원철의 코미디쇼가 공연되었다. 희극배우 이원철은 당시 찰리 채플린을 흉내 내는 것으로 유명했다. 악극단 청춘부대의 단장이었고 단원이었던 도금봉과 결혼했다. 도금봉은 인천 출신으로 처음에는 지일화라는 예명으로 활동했다. 1959년 「경인일보」가 주최한 제1회 인천 출신 영화인 귀향 예술제에 도금봉이 초청되었을 때 "그 옛날 인천서 이름 높던 지일화예요"라고 말했던 유명한 일화가 있다.

1950년 4월에 라미라악극단의 공연이 펼쳐졌다. 라미라악극단은 일반 악극단보다 수준 높은 가극을 무대에 올렸다. 황문평과 장동휘, 윤부길이 라미라악극단 출신이었다. 장동휘는 인천 출신으로 인천상업학교를 졸업 후 칠성좌에서 배우 활동을 시작했다. 그 후 라미라악극단, 대도회, 새별 등을 거쳐 1957년 김소동 감독의 〈아리랑〉으로 영화에 데뷔했다. 전쟁 영화와 액션 영화를 상징하는 배우가 되었고 출연작으로 〈두만강아 잘 있거라〉, 〈돌아오지 않는 해병〉 등이 유명하다.

1957년 항도극장은 개관한 지 8년 만에 인천중앙교회에 매각되었다. 교회는 대지 149평, 건평 80평의 항도극장을 2백7십만 환에 샀다.

정만선은 황해도 피난민 출신으로 항도극장에서 몇 편의 영화를 봤다고 했다.

"당시는 중앙교회가 아닌 5교회로 천막교회였다. 그러다가 항도극장을 사서 처음에는 그 시설 그대로 교회로 사용했다. 항도극장은 단층이었지만 제법 컸다. 그래서 교회가 매입한 것이다. 극장 안을 개조하여 예배당으로 사용했다. 나중에 극장 옆에 있었던 목재소까지 사서 지금 교회를 지은 것이다."

수문통과 인천중앙교회, 출처: 인천 동구청

1957년 함도극장 매입기념사진, 출처: 인천중앙장로교회
50주년 사진책

정만선 인천중앙교회 장로

인천중앙교회 현재 모습. 사진 왼쪽 도로가 수문통이었다.

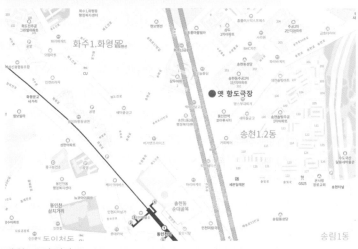
옛 항도극장 위치

문화극장에 대한 내 첫 기억은 〈킹콩〉이다. 킹콩은 1977년 외화흥행 순위 2위를 차지했던 엄청난 히트작이었다. 그때 초등학교 2학년이었는데 문화극장 안에 관객들이 엄청나게 많았다. 좌석에 앉아서 보는 관객보다 서서 보는 관객들이 배는 더 많아 보였다. 같은 동네에 사는 친구 아버지와 함께 킹콩을 봤는데 친구 아버지가 목말을 태워서 영화를 볼 수 있도록 도와주셨다. 그 후 킹콩은 몇 번 리메이크 되었는데 그때 본 킹콩만큼 재미있게 느껴지지 않았다. 몇 년 전 그 친구를 만나 이런저런 얘기 도중에 문화극장에서 너의 아버지와 킹콩을 봤다고 하니까 "왜 우리 아버지는 나와 안 보고 너랑 봤냐?"며 되물었다. 그건 나도 모르겠다고 하니 집에 가서 아버지에게 여쭤보겠다고 했다. 그러더니 며칠 지난 후에 아버지와 얘기를 했는데 내 기억이 맞다며 전화를 했다. 그만큼 그때 문화극장에서 본 킹콩은 내게 강렬한 이미지로 남아있다.

"인천에 극장신축. 인천시에는 현재 세 개의 상설흥행극장이 있거니와 금반 또 하나의 상설가설 흥행극장이 생기리라 한다. 즉 시내 금곡동 김병룡 씨는 한 개의 문화극장을 설립코자 앞서부터 준비 중 금반 그 장소를 금곡동 성냥

공업회사 자리에 정하고 동공장 건물을 이용하여 수리 개수한 후 상설적인 가설극장으로서 영화 또는 연극을 상연하리라고 한다."

(1952년 9월 5일 「조선일보」)

문화극장은 조선인촌회사 자리에 문을 열었다. 조선인촌회사는 우리나라 최초의 성냥 공장으로 1917년에 설립되었는데 신의주에 부속 제재소까지 두었을 정도로 규모가 컸다.

"인천의 문화극장 12일 개관식 거행. 인천에 또 한 개의 새로운 문화극장이 탄생하였다. 즉 시내 금곡동에 김병룡 씨는 시내에서 상당히 떨어진 배다리 밖에다 그 장을 창설할 것을 결정하고 그간 예의 준비 중이던 바 금반 극장 건물의 수리 낙성을 보게 되어 12일 정오 관민유지들의 축하하는 가운데 개관식을 거행하였다."

(1952년 11월 16일 「조선일보」)

문화극장의 정식 개관일은 1952년 11월 12일이다. 전쟁 중에도 극장이 세워진 것이다. 당시 배다리는 엄청난 인파로 북적거린 거리였다.

1955년 개축하여 재개관하기도 했으며 1962년에는 개봉관으로 승격되었다. 문화극장에서 간판을 그렸던 김기봉 화백에 의하면 문화극장은 880평으로 꽤 넓은 극장이었고, 김병용 사장은 매년 쌀 50가마를 기증하여 금곡동의 어려운 사람들을 도왔다고 했다. 김화백 본인 결혼식도 문화극장에서 했다.

문화극장은 1991년에 피카디리극장으로 변경되었다. 이 사진을 보고 참으로 반가웠다. 사진 속 〈더 록〉을 나도 피카디리에서 봤기 때문이다. 이때가 마이클 베이 감독의 전성기로 더 록은 차 추격 씬과 한스 짐머의 OST가 대단했던 블록버스터 영화였다.

1999년 CGV인천14가 구월동에 개관하면서 동인천 지역의 수많은 극장들이 사라졌는데 피카디리도 경영난으로 2002년 폐관하고 그 자리에 빌딩이 들어섰다.

1977년 〈킹콩〉 신문광고

1955년 5월 「경인일보」

조선인촌회사, 출처: 인천역사자료관

仁川의 文化劇場
12日 開館式 擧行

【仁川】인천에 또한개의 새로운 문화극장 (文化劇場) 이 탄생하였다 즉 시내 금곡동 (金谷洞三七) 김 (金羮) 씨는 시내에서상당히떨어진 배다리밖에다 극장을 창설할것을 결정하고 그간에의 준비중이던바 금반 극장건물의수 리낙성을의수 정오 관민유지들의 축하 정오 관민유지들의 가운데 개관식을 거행하는가운데 개관식을 거행하였다

1952년 11월 16일 「조선일보」

仁川에 劇場 新築

【仁川】인천시에는 현재 세개의 상설흥행극장이 있거니와 금반 또하나의 상설가설흥행극장이 생기게 되였다 즉 시내 금곡동 (金谷洞三三) 김병룡 (金羮洞三三) 씨는 한개의 문화극장 (文化劇場) 을 설립코자 알저부터 준비중으로 광장소를 그곳사자리에 정하고 상설적인 공연극장건물을수리하거나혹은 개수하야서 영화또는 연극극장으로서 상역하리라고 한다

1952년 9월 5일 「조선일보」

1962년 개봉관 승격 기념사진

1965년, 출처: 인천사진대관

1984년 문화극장 영사실, 제공: 최경출

1988년 문화극장, 제공: 최경출

1996년 피카디리극장, 출처: 수도국산달동네박물관

옛 문화극장 자리

사람은 죽어 이름을 남기고 호랑이는 죽어 가죽을 남기듯 사라진 극장도 흔적을 남겼다. 빌딩에 '문화불한증막'이 있고 빌딩 옆에는 오래된 화교 중국집 '문화반점'이 있다.

옛 문화극장 위치

애관은 '사랑하는 집', 미림은 '아름다운 숲'이란 의미의 유일무이한 극장명이다. 그리고 전국에 이름이 하나밖에 없는 극장은 각 지방명을 딴 극장들이다. 서울극장, 부산극장, 대구극장, 광주극장 등은 그 지방을 대표하는 극장으로 손색이 없었다. 그러나 인천극장은 인천을 대표하는 극장이 되지 못했다. 재개봉관이었고 1970년 후반 잠깐 개봉관으로 승격되었지만, 나중에는 동시상영관으로 운영되다가 폐관되었기 때문이다.

초등학생 시절 학교에서 단체관람으로 종종 인천극장에 갔었는데 그때 본 영화 중에 가장 기억에 남은 영화가 〈성웅 이순신〉이다. 스크린에 줄이 가고 상영 도중 필름이 끊어지기도 했는데 거북선과 일본 함선의 전투 장면은 그 당시 미니어처 촬영을 하여 보기 드문 볼거리를 제공했다. 일본 배가 부서지면 박수를 치며 환호성을 질렀던 기억이 생생하다. 그런데 나중에 조사해 보니 〈성웅 이순신〉은 1971년도에 애관극장에서 이미 상영했었고 70년대 후반에 인천극장에서 재상영한 것이었다.

인천극장의 전신인 시민극장은 "신축개관 피로 시민극장 구름다리 옆"을 알리며 1955년에 김태훈이 개관했다. 피로는 '기쁜 일을 널리 알리기 위하여 베푸는 잔치'를 말한다.

1971년 〈성웅 이순신〉 신문광고

시민극장 개관 광고, 출처: 1955년 3월 2일자 「주간인천」

1956년 시민극장, 출처: 경기사진대관

1959년 인천극장, 출처: 수도국산달동네박물관

시민극장 설립자 김태훈

화도선교관

1956년 5월 25일 「조선일보」

김태훈이 운영했던 김태훈정미소는 주명기정미소와 이흥선정미소 못지않게 직원 수가 200여 명에 달했던 큰 규모였다. 1939년에는 영업세 납부 실정 업계 2, 3위를 다투었다는 기록도 있다. 고일 선생은 그의 저서 『인천석금』의 인천 영화관 발전사 대목에 "금년 3월 1일에는 이민 씨와 김태훈 씨 등이 시민극장을 새로 세워 연극 전문의 무대극을 공연하고 있다"라고 기록했다. 김태훈정미소는 화도선교관(옛 선화당) 자리였다. 인천극장 자리부터 화수시장 일대가 모두 김태훈의 땅이었다. 그러나 시민극장은 1년 후인 1956년에 화재로 전소가 되었다.

인천극장은 1957년에 시민극장 터에 신축 개관했다. 315석으로 극장주는 유재훈이었다. 나중에는 그의 조카 유제환이 인천극장을 물려받았다. 주안 중앙극장, 용현동 한일극장, 백마장 백마극장도 유제환의 소유였다. 그는 대한영화배급주식회사를 차려 직접 영화제작과 배급도 했던 인천지역 극장계의 큰손이었다.

1967년 인천극장에서 어이없는 사고가 발생했다. 국산 영화 〈필사의 검〉을 상영하고 있을 때 1층에서 관객 한 사람이 장난으로 "불이야"하고 고함치는 바람에 관람객들이 출입문으로 몰려들어 넘어지고 짓밟히면서 30명이 중경상을 입었다. 구정으로 극장은 초만원을 이루었고 당시 인천극장은 606석이었다. 소란을 빚은 장본인을 수색했으나 잡지 못했다.

인천극장은 비록 시설이 남루했지만, 인근 화수동과 만석동 공장에서 일했던 노동자들이 싼값에 영화를 볼 수가 있어 제법 관객이 많은 극장이었다.

1990년에 극장을 허물고 그 자리에 인천프라자를 신축했다. 인천극장은 그 건물 3층에 소극장으로 새로 개관했다. 그러다가 CGV인천14가 생기면서 경영난으로 2001년에 폐관되었다.

舊正 超滿員 劇場서 "불이야"

30名 重輕傷

【仁川】구정인 9일오후 4시반 仁川市 花水洞287 仁川극장에서 국산영화 「必筒」이 장난으로 「불이야」…

…川극장은 이날주로어린이와 꼬마손님들 三百여명이초만원을 빚었는데 불이 붙었다는 꼬마들의 소리에 관객들이 출입문으로몰려나가는 등…30명이 중경상을 입는 소동이 벌어졌다…

…군 朱美浩(7) 군과 松月洞… 沈潤植(10)… 치료를받고있다

1967년 2월 10일 「동아일보」

1981년 인천극장

황토불가마 건물이 옛 인천극장 자리다.

1992년 인천극장 할인권, 출처: 수도국산달동네박물관

옛 인천극장 위치

11장

평화극장(1957), 미림극장(1958~2004), 미림극장(2013~현존)

송현동에 살 때 가장 많이 간 극장 중의 하나가 미림극장이었다. 집에서 가까웠고 좋아했던 중국무협영화를 많이 상영했기 때문이다. 소림사 무협 영화를 보고 나면 주먹으로 휙휙 소림무술 흉내를 내면서 집으로 갔었다. 한번은 미림극장에서 영화를 보고 집으로 가던 중 요란하게 사이렌 소리가 울린 적이 있었다. 사람들은 북한 전투기가 쳐들어왔다며 난리가 아니었는데 속보를 보니 이웅평 귀순 사건이었다. 미림은 나에게 중국영화와 사이렌 소리로 각인된 극장이다.

미림극장은 동인천역 뒤쪽 지역을 대표하는 극장이었다. 동인천역 앞쪽 동네가 인천에서 잘 사는 동네였다면 미림극장이 위치한 송현동 일대는 서민 동네였다. 미림극장은 1957년 고은진 사장이 설립한 평화극장으로 출발했다. 의자도 없고 맨땅에 가마니를 깔고 앉아 영화를 봤던 가설 천막 극장이었다. 그러다가 1958년에 정식 건물을 지어 '아름다운 숲'이란 뜻의 미림극장이란 이름을 달았다.

미림극장에서 영사기사로 일했던 조점용은 미림극장에 대해 다음과 같이 말했다.

"영사기사 자격증을 따서 보은극장에서 첫 일을 시작했고 인천 미림극장에서는 폐관

조점용 미림극장 영사기사

때까지 38년간 근무했다. 미림극장에서 한평생을 다 보낸 셈이다. 미림극장 인근은 인천의 대표적인 피난민 지역이었고 판자촌이었다. 당시 500석 좌석에 2,000명이 들어올 정도로 장사가 잘됐다. 고은진 사장은 참으로 좋은 분이셨다. 직원들의 근무 조건이 좋았고 인권대우도 타 극장보다 월등히 좋았다. 안전기원을 위해 한 달에 두 번 고사를 지냈고 10월에는 큰 잔치를 열어 동네 사람들을 초대하기도 했다."

고은진 사장은 사비로 미림극장 건너편 송현동 언덕에 계단을 만들었다. 주민들은 감사한 마음으로 고은진 사장의 송덕비를 세웠다.
1970년대 중반에 단층이었던 건물을 2층으로 신축했다.
유동현 전 인천시립박물관장은 미림극장 출입구에 대해 다음과 같이 언급했다.

유동현 전 인천시립박물관장

"세상에 이런 극장이 또 있을까. 미림극장은 출입구가 바로 인도 측에 있었다. 영화가 끝나고 환상의 세계에 빠져나오기 전에 극장 문이 열리면 들어오는 강한 햇빛이 현실로 인도했다. 환상과 현실은 문 하나 차이였다."

극장 문이 열리면 바로 거리로 나올 수 있어 화재와 같은 사고에 대피하기 좋았다. 그리고 관객들이 쏟아지는 틈을 타서 공짜 관객들이 몰래 극장 안으로 들어가곤 했다. 부끄럽지만 어릴 적 나도 그랬다가 극장 관계자에게 잡혀서 혼이 난 적이 있었다.

고은진 사장 송덕비   1970년대 중반 미림극장

1959년 4월 12일 「주간인천」, 제공 유동현

미림극장 출입구

현재의 미림극장, 제공: 미림극장

인천 출신인 임순례 감독은 미림극장에 대한 특이한 일화를 들려주었다.

임순례 영화감독

"인일여고 2학년 때, 임예진이 나오는 〈쌍무지개 뜨는 언덕〉을 우리 반에서 촬영했다. 임예진이 바로 내 뒷자리였다. 3일 동안 촬영했는데 우리 반 친구들이 엑스트라로 출연했다. 임예진이 나오는 장면에 내 어깨와 등도 살짝살짝 나온다. 친구들은 임예진이 예쁘다고 난리가 아니었다. 나중에 완성이 된 것을 미림극장에서 봤다."

고은진에 이어 아들 고용성과 고희성이 사장을 맡았다. 같이 일했던 사위 오윤섭은 미림극장을 그만두고 옆에 오성극장을 차렸다. 1999년 대기업 멀티플렉스 CGV인천14가 개관하면서 인천의 극장들이 줄폐업하게 되었다. 미림극장도 이를 피하지 못하고 2004년에 폐관했다. 영사기사였던 조점용 선생은 폐관하는 날, 남몰래 엄청 울었다고 한다.

미림극장은 폐관 후 건물 그대로 방치되었고 가끔 의류 대방출 같은 행사장으로 임대되었다. 그러다가 2013년 인천시와 동구청의 지원을 받아 '추억극장 미림'으로 부활하게 되었다. 실버 극장으로 입장료가 2,000원이었다.

최현준 미림극장 대표

"미림극장은 인천시청과 동구청의 지원을 받아 부활한 극장이다. 그런데 내가 운영부장으로 미림에 왔을 때 시장과 구청장이 바뀌면서 지원을 끊어버렸다. 태생 자체가 지원을 받아 실버 세대를 위해 생긴 극장인데 지원을 끊어버리고 갑자기 알아서 생존하

2013년 추억극장 미림으로 재개관, 제공: 미림극장

미림극장 3층에 마련된 미림극장 역사전시관

1981년 미림극장 내부, 출처: 최경출

현재 미림극장

라고 하면 어떻게 하나. 그동안 수많은 위기가 몰려왔는데 동그라미재단과 영화진흥위원회의 지원을 받으면서 하나하나 고비를 넘어가고는 있지만 여전히 어려운 상황이다."

'추억극장 미림'은 2020년에 '인천미림극장'으로 변경되었고 단순한 실버 영화관을 벗어나 독립예술 영화 상영 등 새로운 변화를 모색하고 있다. 지역 주민과 함께하는 문화행사를 마련하고 일본 요코하마에 있는 잭앤베티극장과 연계하여 해마다 영화제도 개최한다. 미림극장이 계속해서 우리 곁에 있어 주길 바란다.

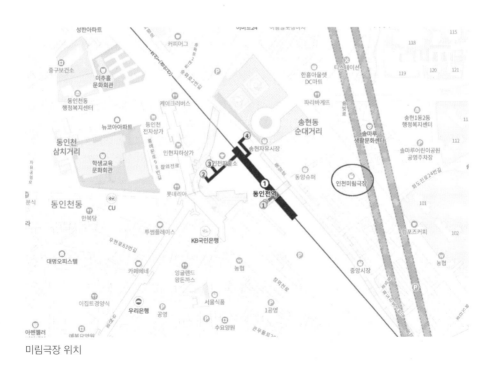

미림극장 위치

12장

서부극장(1957), 백마극장(1963~1994)

고등학생 때 친구가 백마장 근처에 살아서 놀러 간 적이 있다. 그때 동네 모습과 백마장 명칭이 잘 연관이 되지 않았다. 옛날 이곳에서 말을 키워서 백마장인가 막연히 생각했다. 유래를 살펴보니 첫 번째는 일제강점기에 지역명이었던 백마정에서 비롯됐다는 설과 두 번째는 조선시대에 말을 먹이던 곳을 마장 또는 백마장으로 불렀다는 설이 있다. 그리고 세 번째는 조병창이 있을 때 일본군이 백마를 타고 훈련했던 곳이라 백마장이라는 이야기도 있다. 어쨌든 모두 말과 관련되어 있다. 부평구청의 상징 동물도 백마다.

백마장 그러니까 산곡동 일대에 일본군이 해외에 세운 최초의 무기 생산 병참기지였던 조병창이 있었고, 해방 후 미군기지가 들어섰다. 노동자들이 몰려와 군부대 인근은 클럽과 술집, 다방이 즐비한 거대한 번화가가 형성되었다. 미군 부대에서 빼돌린 영화 필름이 인근 극장에 상영되었는데 그게 바로 서부극장이었다. 1957년 산곡동 171번지에 240석 규모로 개관했는데 서부극장의 뜻은 부평 서쪽이라는 서부(西富)였다.

1963년 왕년의 페더급 챔피언 송재구 추모 권투전이 서부극장에서 열렸다. 서부극장은 1963년에 백마극장으로 변경되었다고 전해진다. 그러나 서부극장과 백마

부평 신트리공원 백마상, 출처: 부평구청

1972년 백마극장, 출처: 국가기록원

1963년 7월 30일 「조선일보」

1993년 극장 전용 게시판, 출처: 부평구청

사진 중앙 건물이 백마극장

현재 백마극장 모습

옛 마트 대형광고판

백마극장 뒷면

위 사진을 보면 이곳이 백마극장이었다는 것을 알리듯 백마가 그려져 있다.

봉다방과 덕화원

옛 백마극장 위치

극장은 별개 극장이라는 기록도 있다. 서부극장이 산곡동 171번지에 개관했고, 백마극장은 1959년에 서부극장과 그리 멀지 않은 산곡동 87번지에서 365석 규모로 영업을 시작했다는 것이다. 지금으로선 어느 것이 맞는지 알 수가 없다.

'1972년 백마극장' 사진은 백마극장 옛 모습을 볼 수 있는 유일한 사진이다. 큰 도로가 아닌 산곡초등학교 정문 앞 골목에 있다. 부평지역 유명한 극장들은 대한극장만 빼고 부평극장, 금성극장, 백마극장 모두가 특이하게도 골목에 있었다. 1970, 1980년대 산곡동은 지금 롯데마트 자리에 있었던 한국종합기계, 인근 대우자동차 공장, 방직회사 등 크고 작은 공장들이 많아서 사람들로 북적이던 동네였다.

그러나 지역경제가 몰락하면서 백마극장은 1994년에 폐관되었다. 그 후 구원 유통, 왕대박할인마트 등으로 사용되다가 현재 빈 건물로 남아있는데 주위가 마치 폐허와 같아 인적을 찾아보기 힘들다.

백마극장 바로 옆에는 부평에서 가장 오래된 다방인 봉다방이 있다. 만날 봉 (逢) 자를 써서 '봉다방'이다. 최정숙 사장(1936년생)은 1974년에 봉다방을 개업했다.

"15년간 미군 군복을 세탁해서 마련한 돈으로 다방을 시작했다. 지금은 혼자 있지만 한때 종업원이 5명이나 있었다. 옆에 백마극장도 있고 산곡시장 가운데에 있어 장사가 잘 됐다. 건너편 한양아파트가 옛 미군기지였다. 이 인근은 산곡동 맨해튼거리라고 불렸을 정도로 사람들이 많았는데 다 옛날이야기가 되고 말았다."

최정숙 봉다방 사장

봉다방 바로 앞에는 유명한 중화요리집 덕화원이 있다. 화교가 운영하는 덕화원은 봉다방보다 먼저 이 골목에 생겼다. 그러나 현재 산곡재개발정비사업이 진행되면서 이 구역 주민 모두가 퇴거하여 빈 건물들만 남았다. 백마극장, 봉다방, 덕화원은 곧 허물어질 예정이다.

"극장 건설로 자립책 확립 인천보육원 불원본 궤도에. 인천보육원 원장 이종만 씨는 헐벗고 의지할 곳 없는 불쌍한 전쟁고아를 구제코자 (중략) 자립경제를 확립할 계획을 추진하고 있다. 즉, 이씨는 남부 인천의 중심지인 숭의동에 대지 200평을 구하여 장안사라는 영화상설관을 건설하고 금월 중순경 개관하여 본격적인 보육원 자립을 지향하게 되었다."

(1957년 5월 7일 「조선일보」)

극장 설립 이유가 이렇게 특별한 극장이 있었던가. 장안극장의 전신인 장안사는 인천의 전쟁고아를 위한 자금 마련책으로 1957년 5월 숭의동에 설립되었다. 인천보육원은 미추홀구 학익동에 현존하는 보육원이고, 법인 연혁에 1952년 8월 1일 이종만 목사가 설립했다고 나온다. 인천보육원은 처음에 인하대학교 운동장 자리에 있었고 당시는 고아원으로 불리다가 학익동으로 옮기면서 인천보육원으로 명칭이 바뀌었다.

장안사는 1958년에 장안극장으로 변경된다. 그리고 1959년에 불미스러운 사건이 발생했다. 일본에서 밀수입한 영사기를 구입하여 관세법을 위반한 극장들이 무

劇場建設로 自立策確立
仁川保育院不遠本軌道에

劇場 여덟군데에도
密輸入한 映寫機購入혐의로
한件은 拘束令狀

1957년 5월 7일 「조선일보」

超滿員된 劇場內
소매치기가 橫行

1959년 10월 30일 「동아일보」

1959년 2월 6일 「조선일보」

1960년 장안극장

1964년 장안극장, 출처: 선인상고 졸업
앨범, 「굿모닝인천」

1968년 12월 30일 「동아일보」

1979년 장안예식장, 출처: 김식만

더기로 적발되었다. 인천에서는 장안극장과 강화극장이 명단에 올랐다.

당시 소매치기의 주요 활동 장소 중 하나가 극장이었다. 관객들이 모여 영화에 몰입되어 있을 때만큼 소매치기에게 좋은 먹잇감은 없었다. 1959년 10월 30일 「동아일보」 기사 중에 '장안극장이 정원 외에도 수백 명 관람객을 무질서하게 입장시키고 있어 장내는 물론 휴게실까지도 입추에 여지가 없어 손님들이 아우성을 질렀다'라는 부분이 눈에 띈다. 한때는 엄청나게 장사가 잘된 극장이었다.

장안극장은 영화 상영 전에 늘 도미의 〈청포도 사랑〉, 박재란의 〈청춘의 푸른 날개〉 같은 유행가를 밖에 크게 틀어 놓았다고 하는데 1964년 사진을 보면 왼쪽에 김희갑 주연의 〈청포도 사랑〉 간판이 걸려있다. 오른쪽 간판은 나무로 인해 잘 보이지 않는데 그림 솜씨가 상당히 뛰어나다.

1968년 신정 영화 박노식 주연의 〈비호〉가 인천에서 장안극장과 애관극장에서 동시에 상영되었다. 신정 프로는 추석과 함께 가장 중요한 대목인데 장안극장이 인천 최고의 애관극장과 동시에 상영한 것은 인천 극장가에서 '장안'이 되겠다는 의지를 나타낸 것이었다.

그러나 장안극장은 1978년에 폐관되었고 그 자리에 장안예식장이 세워졌다. 친인척 결혼식으로 몇 번 가본 적이 있었는데 주말이면 북새통을 이루던 제법 유명한 예식장이었다. 그 후 시대에 맞춰 장안뷔페웨딩홀을 신축하여 운영하다가 나중에 카바레로 바뀌었고 현재는 1층에 마트, 2층에는 침구 가게가 들어섰다. 한때 화려했던 '장안'의 시대는 사라지고 변방의 을씨년스러운 분위기만 남았다.

장안극장 현재 모습

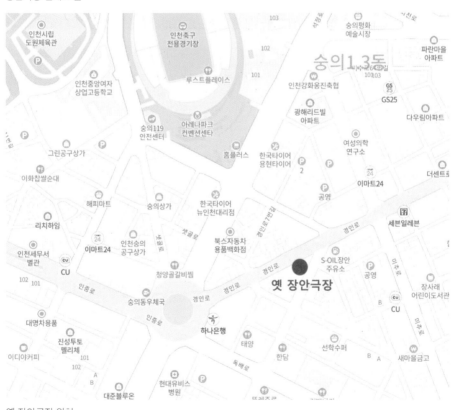

옛 장안극장 위치

세계극장은 1950년대 말 신흥동에 개관했다. 1960년 2월 15일 동아일보 기사를 살펴보면 인천중학교(현 제물포교) 운동장에서 열린 선거유세에 인천 출신인 장면 부통령 후보의 연설을 듣기 위해 인천시민들이 구름처럼 몰려들었다. 운동장을 가득 메우고 자유공원 언덕까지 청중들이 이어졌는데 학교 측은 재학생들이 강연회장 부근에 얼씬거리기만 해도 정학 처분을 내린다고 협박(?)하였고 임시방편으로 공휴일임에도 불구하고 전교생을 강제로 세계극장으로 단체관람을 보냈다. 세계극장은 인천중학교와 상당한 거리가 있어 학교 측이 꼼수를 부려 일부러 거리가 먼 세계극장을 선택한 것이다.

> "법정 좌석 무시. 2배나 초과 매표. 인천시 신흥동 소재 세계극장은 입장세는 490석 해당을 납부하면서 사실상 좌석은 666석을 설비하고 법정 좌석을 초과 매표함으로써 관객의 비난을 받아왔다…"
>
> (1960년 4월 6일 「동아일보」)

1960년대는 극장의 전성시대로 극장마다 관객들이 넘쳐났다. 그때 대다수 극

1960년대 초, 세계극장

1960년 9월 28일 「조선일보」

1970년 〈두 여인의 집〉 신문광고, 제공: 박차영 카페 싸리재 대표

1960년 4월 6일 「동아일보」

장이 불법으로 좌석을 개조 증설했고 무리하게 관객을 받았다. 서서 보는 사람들이 몇 배나 되었다. 기사를 보면 세계극장은 미국 영화 〈아가씨 손길은 부드럽게〉를 상영했는데 무려 1,000명을 입장시켜 관객의 불평을 샀다고 했다.

1960년 이탈리아 영화 〈칼타고〉가 인천 세계극장과 서울 반도극장에서 상영되었다.

'1960년대 초, 세계극장' 사진 간판에서 보이는 〈위정의 행로〉는 1953년에 제작된 독일 영화다. 조사해 보니 서울 중앙극장에서 1960년 4월 30일에 개봉했다.

1970년 당시 라디오 연속극 〈장군의 집〉이 큰 인기를 끌었다. 이를 영화로 제작한 것이 〈두 여인의 집〉이었다. 인천에서는 세계극장과 미림극장에서 동시상영했다. 신영균과 김지미가 주연을 맡고 흥행에 크게 성공했다.

1972년 5월분 극장 입장권 복권당첨자가 발표됐다. 1등 당첨자는 인천 아폴로 극장(중앙극장 전신) 관객이고 2등은 세계극장 관객이었다. 1962년 3월 정부에서 극장 입장권을 발행하기 시작했는데 입장권에 적혀있는 번호를 복권으로 사용했다. 세무 행정의 자동화를 위한 것이라고 했지만 목적은 탈세 방지였다.

박정희 대통령은 1972년 10월 17일에 국가긴급권을 발동하여 국회를 해산하고 전국 비상계엄령과 유신헌법을 선포했다. 유신헌법 홍보를 위해 국민투표 계몽반이 전국에서 강연했는데 인천에서는 세계극장에서 열렸다. 그러나 세계극장은 개봉관으로 크게 빛을 못 보고 1975년에 폐관되었다. 세계슈퍼마켓으로 바뀌었다가 클럽과 카바레로 사용되기도 했다.

1975년 폐관 직후, 출처: 인천시청 기록관

1972년 11월 14일 「매일경제」

옛 세계극장 자리

1972년 6월 21일 「조선일보」

옛 세계극장 위치

도원극장은 1960년 11월 17일 숭의동 134에 개관했다. 1961년에 신상옥 감독의 〈연산군〉이 애관극장과 도원극장에서 동시상영했다. 신영균과 최은희가 출연했고, 제1회 대종상 최우수 작품상과 남우주연상 등을 휩쓴 대작이었다. 애관극장에서 일했던 사람이 독립해서 도원극장을 차렸다는 얘기가 있다. 그래서인지 도원극장은 초기에 애관극장과 '가케모치' 관계였다.

1962년 〈동학란〉을 애관극장과 도원극장에서 동시상영했다. 가케모치란 겸무, 겹치기란 뜻인데 필름이 귀하던 시절에 하나의 상영 프린트를 가지고 다른 극장과 공유하는 편법이 성행했다. 당시 필름은 여러 권으로 나뉘었고, A극장에서 영화 1권을 틀고 2권으로 교체하면, 대기하던 사람이 1권을 자전거에 싣고 B극장으로 달려가 상영했다. A극장과 B극장은 거리가 가까워서도 안 되고 너무 멀어서도 안 되는 적당한 거리여야 했고 극장주 사이에 기본적인 신뢰 없이는 가케모치가 형성될 수 없었다. 그런 면에서 애관극장과 도원극장은 가케모치를 하기에 서로 조건이 맞았다. 참고로 키네마극장은 문화극장과 가케모치 관계였다.

1962년 도원극장에서 불행한 사건이 발생했다. 극장 천장에서 형광등을 수리하던 전기공이 관람석에 떨어져 사망했다.

1961년 12월 24일 「경향신문」

1962년 4월 7일 「경향신문」

1962년 신문광고

1963년 선인상고 졸업앨범, 출처: 「굿모닝인천」

1964년 공설운동장, 출처: 「굿모닝인천」

우리나라 최초의 공설운동장은 1920년 지금 제물포고등학교에 만들어졌다. 1934년 그 자리에 인천중학교가 설립되면서 숭의동에 새로운 공설운동장을 건설했다. 1964년에는 전국체전이 열리기도 했다. 당시 공설운동장에서 인천의 모든 야외 행사가 이루어졌다고 해도 과언이 아니었다. 그때 사진을 보면 도원극장이 배경으로 등장했다.

도원극장은 극장이 제대로 찍힌 사진은 없지만 배경으로 등장하는 사진이 많은 특이한 극장이었다.

한눈에 봐도 제법 큰 크기를 자랑했다. 용현동에서 치과를 운영하는 김식만 원장은 도원극장은 인근에 숭의깡시장이 있고 대장간, 기름집, 오꼬시 같은 과자를 파는 가게, 미군 맥주 깡통 세공업자, 영세 철물점 등이 늘어서 있던 변두리 극장이었다고 회고했다.

> "도원극장 전소. 1966년 12월 13일 오후 1시 20분쯤 숭의동 134 도원극장 영사실 천장에서 원인 모를 불이 일어나 250평 극장 건물 1동이 전소, 6백만 원 상당의 피해를 보고 약 3시간 후에 진화되었다."
>
> (1966년 12월 14일 「경향신문」)

당시 많은 극장들이 화재로 사라지는 경우가 많았다. 극장 안에 난로가 있었고 영사실 필름도 불에 취약해 인천가부키좌와 시민극장(인천극장의 전신) 등이 화재로 사라졌다.

도원극장은 개축 후 극장을 이어갔지만 1979년에 폐관되고 말았다. 내동일번지 님에 의하면 도원극장은 개봉관이었는데 70년대 후반에 재개봉관으로 전락했고, 극장 앞에 넓은 광장이 있었으며 그 한쪽 구석에 만화 가게가 있어 상영시간이 안 맞으면 만화를 보며 기다렸다고 한다.

예산상회를 운영하는 조한덕 사장은 도원극장을 이렇게 회고했다.

"숭의동에서만 51년째 살고 있다. 〈미워도 다시 한번〉을 도원극장에서 봤다. 철재로 된

조한덕 예산상회 사장

길게 붙어있던 의자가 생각난다. 극장 폐관 후 도원회관으로 바뀌었다. 지금으로 말하면 나이트클럽인 것이다. 외관은 그대로였고 내부만 리모델링한 것인데 나중에 그 건물마저 허물어졌다."

옛 도원극장 자리에 아파트 단지가 들어섰다.

사진 중간 큰 건물이 도원극장, 출처: 1973년 영화여상 졸업앨범, 「굿모닝인천」

1965년 선인상고 졸업앨범, 「굿모닝인천」

1966년 12월 14일 「경향신문」

옛 도원극장 자리

옛 도원극장 위치

금성극장은 1960년 8월 20일 부평5동 153번지에 개관했다. 부평극장, 백마극장, 금성극장의 공통점은 부평에 있으면서 모두 골목 안에 자리했던 극장이라는 것이다.

인천이 경기도에 속했을 때 경기도는 한미간의 친선을 위하여 재건국민운동 경기도지부와 공동주최로 나흘 동안 파주, 양주, 포천, 평택, 부평지구 등 5개 지구의 주민들을 상대로 한미 친선 계몽강연회를 열었다. 부평 금성극장에 시내 각 동 장급 이상의 기관장 등 9백 명이 참석했다고 하니 생각보다 큰 극장이었다.

1972년의 사진은 금성극장이 자세하게 드러난 유일한 사진이다. 극장 옆에는 항아리를 파는 공터가 있고 상영 영화 간판을 극장 입구와 옆면에 각각 설치했다. 간판을 자세히 보면 상영 프로가 〈노래하는 박람회〉다.

〈노래하는 박람회〉는 1968년 9월 9일부터 장장 42일 동안 열린 제1회 한국무역박람회를 기록한 영화다. 단순한 기록영화가 아닌 장동휘, 김희갑, 서영춘 등이 출연하여 나름 스토리가 있고 위키리, 김상희, 펄시스터즈 같은 당대 가수가 등장하여 화려한 공연을 펼쳤던 뮤지컬 영화의 성격도 가진 묘한 영화였다.

한국무역박람회는 우리나라 최초의 무역박람회였는데 구로공단이 설립되면서 제2공단에서 국가적 행사로 펼쳐졌다. 정부관과 함께 한국요업주식회사의 도자기

「구입이 곤란하다」고 말하고정부당국이 목재구급입에 편의를 보아주면서 욱 활발히할수있다고 고충을 말했다。

韓美親善 강연회

【仁川】 16일 인천시부평동에있는금성 (金星) 극장에서는 시내각동장급 이상의기관장등 9백여명이 참석한가운데 한·미친선강연회가 개최되었다。

강연회 연사에는 朴경기지사 車경찰국장재건국민운동본부 경기지부차장등 3명이었다。

1962년 6월 17일 「경향신문」

南貞姟양被訴될듯
「쇼」出演시간어겨

경기도富平 K극장에서지난12일 「평양스테이지·쇼」에 상연했는데 스타 南貞姟양이 출연시간어겨 극장측으로부터 고소를 받게 될듯。

이날 공연에서 南陽은50분이 지나도록 나타나지않자 10리철을 걸어온 관객들은「사기다…」라고 아우성, 정작 50분뒤에 남양이 나타났을때도 관객은 노해서「거만하다…」고 고소. 리차 그녀 역시 금성극장은 관람료 1백70원의 변상으로「원한 맺힌 姟양의 출연시장어겨 극 살롱」의 입장권을 주어 원의 관객들을 달랬다는것이나 아직 끝나지 않은일이라 그귀추가 주목되고있는중.

1970년 6월 16일 「매일경제」

1972년 금성극장, 출처: 국가기록원

〈노래하는 박람회〉 영화 포스터와 영화 한 장면

1968년 한국무역박람회, 출처: 국가기록원

공예, 부평에 있었던 신진자동차와 독일, 미국, 대만 등 해외 11개국이 참여했다. 당시 관람객이 무려 200만 명에 달했다.

> "남정임 양 피소될 듯. 쇼 출연 시간 어겨. 경기도 부평 K극장에서 지난 12일 '명랑스테이지 쇼'를 상연했는데 스타 남정임 양이 출연 시간을 어겨 극장 측으로부터 고소를 받게 될 듯…"
>
> (1970년 6월 16일 「매일경제」)

부평 K극장은 금성극장이다. 당시 남정임은 윤정희, 문희와 함께 여배우 트로이카로 인기 있던 배우였다. 남정임을 보기 위해 10리 길을 걸어왔다는 관객들도 있었는데 남정임이 50분 지각을 했다. 관객들이 화가 나서 항의성 고함을 질렀더니 남정임이 발끈하고 나가버렸다. 극장 측은 관람객들에게 관람료 170원을 변상하고 다음 영화 〈원한 맺힌 삼돌이〉 입장권을 주어 달랬고, 남정임을 고소한 것이다.

1993년 〈그랑부르〉가 금성극장과 미림극장에서 동시에 상영되었다. 바다를 사랑하는 두 남자의 우정과 사랑을 그린 영화인데 제목 그대로 '그랑부르'였던 심해 영상미에 황홀했던 기억이 난다. 당시 부평 극장가의 트리오는 부평극장, 금성극장, 대한극장이었는데 모두 부평역과 가까운 거리에 있었다. 당연히 관객 유치 싸움이 치열할 수밖에 없었고 부평극장은 애관극장과 대한극장은 인형극장과 협력관계를 맺었다. 금성극장은 고정 파트너 없이 미림극장, 오성극장, 동인천극장과 그때그때 협력했는데 부평극장과 대한극장에 비해 좋은 영화를 가져오기 힘들었다. 결국 부평 극장가 트리오 중에서 금성극장이 가장 먼저 문을 닫았다.

〈닉슨〉을 마지막으로 더는 금성극장에서 상영하는 영화 광고를 찾아볼 수 없었다. 금성극장은 1996년에 폐관되었다.

1993년 5월 13일 「조선일보」　　　　1996년 2월 17일

옛 금성극장 자리

옛 금성극장 위치

17장

자유극장(1960~2002)

1980년대 중반에 광성고를 다녔다. 그때 친구들 사이에서 가장 인기 있는 것 중 하나가 프로야구였다. 야구장이 학교 바로 옆 아래에 있어 프로야구 경기를 내려다볼 수 있었다. 너구리 장명부가 등판하는 날에는 야간자율학습을 안 하려고 두꺼비집 퓨즈를 끊어버린 용감한 친구 덕분에 모두가 야구장으로 몰려갔다. 더구나 7회부터는 무료입장이었다.

광성고 학생들에게 가장 인기 있는 극장은 애관극장이 아닌 자유극장이었다. 학교에서 걸어서 10분도 안 되는 가장 가까운 극장이었다. 필름이 낡아 스크린에 비가 내리고 동시상영관이었던 후진 극장이었지만, 두 편 중 한 편은 꼭 성인영화를 틀었고 무엇보다 가격이 쌌다. 방과 후 교복을 입고 가도 미성년자 입장 불가 영화가 무사통과였다. 〈앵무새 몸으로 울었다〉, 〈산딸기〉 같은 인기 영화는 우르르 몰려가 단체관람처럼 보았다. 자유극장은 이름 그대로 광성고 학생들에게 성인영화의 자유를 선사한 극장이었다.

자유극장은 1960년 중구 신흥동 13에 개관했다. 나중에는 삼류영화관으로 전락했지만, 처음에는 당당한 개봉관이었다.

1970년 노동청은 민원사무 개선을 위해 자유극장에서 취업 알선 사무시범을

광성고등학교

1999년 자유극장, 출처: 내동일번지

1970년 9월 25일 「매일경제」

강석환 감독

2002년 자유극장 전단지, 출처: 수도국산달동
네박물관

강석환 감독이 연출한 작품들

옛 자유극장의 현재 모습

옛 자유극장의 형태가 그대로 유지되고 있다.

앞쪽이 스크린 자리였다.

무대와 연결된 문, 당시 공연 출연진들이 이곳에서 대기했다.

옆에는 예전 간판이 그대로 놓여있다.

자유극장 화장실도 그대로 있는데 자재 창고로 사용되고 있다.

2층 영사실이 있던 곳

국민에게 보여주었다. 시범대회를 통해 종래 1건당 30분 이상 걸리던 민원사무를 10분으로 줄이고, 즉석에서 완결 처리함으로써 구직자들의 불편을 덜어주었다고 했다.

1937년 인천 숭의동에서 태어난 강석환 감독은 한때 친구와 함께 자유극장을 임대해서 경영했다. 그에 따르면 당시 자유극장은 망해가던 극장이었는데 본인이 영화계에 있어 〈팔도강산〉이나 중국영화를 가져다 틀어서 제법 인기가 좋았다고 했다. 그때 광성고, 동산고 학생들이 단체관람을 많이 왔다고 전했다.

강석환 감독은 강유신이란 이름으로 감독 활동을 했는데 〈낙조〉(1968), 〈그림자 없는 여자〉(1970), 〈정도〉(1972) 등을 연출했다.

자유극장은 2002년에 폐관했는데 당시 사장이 문 닫기 전 며칠 동안 고별전으로 무료 상영을 했다고 전해진다.

옛 자유극장 위치

현대극장은 1961년 송림동 105에 개관했다. 500평 규모의 2층 건물이었다. 송현동에 살 때 미림극장, 오성극장이 가장 가까웠지만 비싼 극장이었다. 그에 비해 현대극장은 반값에 영화를 볼 수 있어 자주 갔다. 영화 포스터를 붙이는 아저씨를 기다렸다가 할인권을 얻으면 반의반 값에 영화를 볼 수도 있었는데 시설도 나쁘지 않았다. 매표소를 지나 극장 입구로 들어가면 제법 넓은 로비가 있었고 가운데에 TV를 틀어주던 휴게실이 있었다. 재상영관이었지만, 초등학생인 나에게는 개봉관이나 다름없었다.

첫 번째, 두 번째 사진을 보면 극장 주위에 별다른 건물이 없어 유독 현대극장만 도드라져 보인다.

1964년에 미스터 코리아 선발대회가 현대극장에서 개최되었다. 장신부, 단신부, 학생부가 있었는데 당시 장신부가 신장 168cm 이상이라는 기사 내용이 흥미롭다.

1971년 현대극장에서 한국청년회의소 창립 20주년 기념식이 열렸는데 백두진 국무총리가 참석했다. 백총리는 "경인고속도로 덕택에 너무 빨리 도착했다"라며 고속도로 홍보를 했다. 경인고속도로는 1968년에 개통된 우리나라 최초의 고속도로다.

현대극장은 관객들이 제법 많은 극장이었다. 송현동, 송림동 사람들이 주로 갔지만 서구 사람들도 서구 지역에 극장이 없어 현대극장을 애용했다. 또한 강화에서

1960년대 초 현대극장, 출처: 최성연, 화도진도서관 · 1960년대 중반 현대극장, 출처: 최성연, 화도진도서관

1964년 12월 22일 「조선일보」 · 1988년 현대극장, 출처: 동구청

1971년 3월 20일 「경향신문」

1989년 현대극장, 출처: 한국영화데이터베이스 · 1989년 〈호소자6〉 캘린더, 출처: 이재준 에그머니 디자인스튜디오

인천으로 들어오는 시내 초입이라 인기 있는 극장이었고, 앞에 현대시장과 옆에 예식장이 있어 주말이면 극장 주위에 사람들이 바글바글했다.

1989년에 극장 외관을 적벽돌 타일로 개축하여 당당히 개봉관으로 재개관했다. "인천 최고의 새 개봉관 탄생! 최신 돌비 시스템 완비, 안락한 휴게실 완비"를 자랑하며 개관기념으로 〈호소자6〉의 주인공들이 직접 사인회를 했다. 그러나 다시 동시상영관으로 전락했고 1996년에 폐관되었다.

유명자 현대극장 뒤에서 세탁소 운영

"송현동에서 양장점을 하다가 이곳에서 오랫동안 세탁소를 하고 있다. 70년대에 현대극장에서 '남진쇼'를 봤다. 몰려든 사람들이 어마어마했다. 극장 주위로 술집도 많았고 장사가 잘됐다. 지금 이 동네는 재개발 문제로 시끄럽다. 노인과 영세민만 남아있는 동네가 되고 말았다."

조이식 전 현대극장 기도주임

"현대극장에서 기도주임으로 근무했었다. 충무로에서 필름을 받아와서 상영하고 입장권을 관리했다. 키네마극장, 동방극장, 도원극장에 출장을 가기도 했다. 현대극장은 재생극장이었다. 재생극장은 전국에 필름을 다 돌리고 난 뒤 마지막으로 상영하던 극장을 말한다. 현대극장이 있던 이 근처는 온통 호박밭이었다. 극장이 생기면서 현대극장이 이 지역의 대명사가 되었다."

극장 뒤편, '현대극장'이 담쟁이덩굴에 가려져 '장'만 보이는데 '장'도 '강'이 되고 말았다.

1층은 마트로 바뀌었고 극장은 그대로 방치되어있다. 군데군데 적벽돌 타일이 떨어져 나가서 애처롭기만 하다.

현대극장의 현재 모습

현대극장 바로 앞에 있는 현대시장은 1971년에 설립되었다. 현대극장의 이름을 따서 현대시장이라고 했다.

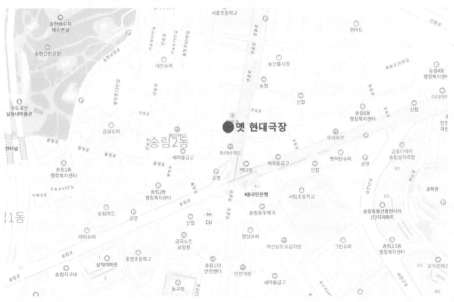

옛 현대극장 위치

19장

대
한
극
장
(
1
9
6
3
〜
현
존
)

대한극장은 1963년 11월 6일 부평동 229에 개관했다. 부평역 바로 옆에 있고 현존하는 극장이다. 극장주가 계속 바뀐 다른 극장과는 달리 대한극장은 설립자 이후 계속해서 그의 가족이 운영하고 있다. 1972년의 사진을 자세히 보면 "대한극장 드디어 개봉관으로!" 현수막이 보인다. 1963년 설립 당시는 재개봉관이었다. 사진 맨 오른쪽 간판을 보면 〈후렌치코넥션〉이 보인다. 지금은 〈프렌치 커넥션〉으로 불리는데 윌리엄 프리드킨 감독과 진 핵크만 주연의 명작이다. 44회 미국 아카데미 시상식에서 작품상, 남우주연상, 감독상, 각색상, 편집상 등을 휩쓸었던 작품이다.

1977년 인천 북구청(현 부평구청) 도레미합창단이 대한극장에서 불우이웃돕기 음악의 밤을 개최했다. 이날 수익금으로 북구 관내 양로원 및 16개 고아원에 위문품을 전달했다.

1995년 〈내 마음의 지도〉를 대한극장과 미림극장에서 개봉했는데 아래 사진(1995년 4월 25일)을 보면 대한극장에 '축 개관'이라고 쓰여있다. 이때 극장을 허물고 대한빌딩을 신축하면서 그 빌딩 3층과 4층에 1, 2관이 들어섰다.

대한극장의 라이벌인 부평극장이 애관극장과 협력관계였고 대한극장은 파트너로 인형극장을 선택했다. 1990년대에 대한극장은 인형극장과 많은 영화를 동시

1972년 대한극장, 출처: 국가기록원

1977년 9월 24일 「매일경제」

◇이웃돕기 音樂의밤=仁川북구청 도레미합창단은 일부평 대한극장에서 우이웃돕기음악의밤을 16일 개 칙합창단은 이날 수입금 으로 북구관내 양로원및 고아원에 위문품을 마 령개 고아원에

[仁川]

1988년 〈살바도르〉 캘린더, 출처: 이재준 에그머니 디자인스튜디오

1995년 대한극장을 허물고 그 자리에 대한빌딩을 신축했다.

상영했다. 그리고 1996년 금성극장, 2002년 부평극장이 사라졌지만, 대한극장은 현존하고 있다. 그러나 부평역 주위에 CGV와 롯데시네마가 생기면서 대한극장 또한 크게 타격을 입었다. 그 후 대한극장이 선택한 생존전략은 일반상업 영화와 함께 독립예술 영화를 상영하는 것이었다.

2004년 2월에 인천지역 각계 인사 40여 명으로 구성된 '우리 영화를 사랑하는 인천사람들'이 대한극장을 빌려 영화 〈선택〉을 상영했다. 이 영화는 간첩 혐의로 수감된 비전향 장기수들의 삶을 그린 홍기선 감독의 작품이다.

인천의 극장 중에서 대한극장과 비슷한 성격의 영화관은 미림극장과 영화공간주안이 있다. 동인천에 미림극장, 주안에 영화공간주안, 부평에 대한극장이 각 지역에서 독립예술 영화를 상영하는 대표 극장으로 운영되고 있다. 그러나 차이점도 있다. 대한극장은 사기업이며 일반상업영화관이다. 또한 대한극장은 애관극장과 비슷하게 대를 이어 현존하고 있다. 미림극장은 실버 극장으로 출발한 사회적기업으로 일반상업영화 DCP 파일을 틀 수 있는 디지털 영사기가 없다. 영화공간주안은 사업 주체가 사기업이 아닌 미추홀구청이다. 세 극장은 대기업 멀티플렉스와 넷플릭스 같은 OTT의 위세에 눌려 어려운 상황이다. 대한극장이 부평을 대표하는 극장으로 계속해서 존재하길 기원한다.

1995년 4월 25일

대한극장 로비

1996년 8월 14일

현재 대한극장

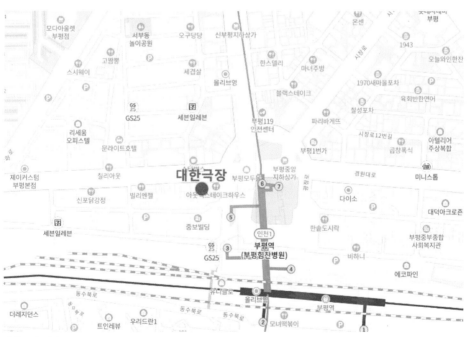

대한극장 위치

"내가 빙다리 핫바지로 보이냐?" 영화 〈타짜〉에 나오는 아귀의 유명한 대사다. 아귀는 잔학무도한 김윤석의 연기와 딱 들어맞은 작명이었다. 예전에 어부들은 아귀를 잡으면 재수가 없다고 바다에 다시 '텀벙' 던져버렸다. 흉측한 생김새와 상품 가치가 없는 생선이기 때문이었다. 그런데 못생긴 외형과 다르게 맛이 좋아 별미로 대접받으며 인천에서 '물텀벙이'로 탄생했다.

인하부중을 다닐 때 부모님이 용현동에서 물텀벙이 가게를 하는 친구가 있어 그곳에서 난생처음으로 물텀벙이를 먹었다. 중학생에게는 낯선 맛이었다. 일반 생선과는 달리 먹기 불편했고 맛있는 것도 아니고 맛없는 것도 아닌 애매한 맛이었다. 그러나 나중에 어른이 되고 나서 물텀벙이의 참맛을 느낄 수 있었다. 용현동 물텀벙이 거리는 1972년 성진물텀벙에서 시작되었다. 인기를 끌자 하나둘 비슷한 가게가 생기면서 자연스럽게 물텀벙이 거리가 만들어졌다. 한때 14곳이 성업 중이었는데 현재는 7곳만 남아있다.

시장 입구에 있는 상징물에서 알 수 있듯이 용현동(龍現洞)은 '인천 앞바다에서 용(龍) 한 마리가 하늘로 오르는 걸 보았다는 곳'에서 유래했다. 용현시장은 물텀벙이 거리보다 먼저 1963년에 형성되었다. 그때 수봉산 일대에 이주촌이 설립되면

2006년 〈타짜〉의 한 장면

용현시장 입구

1969년 2월 1일 「조선일보」

물텀벙 거리 최초의 가게 성진물텀벙

1967년 한일극장, 출처: 인천시청, 김식만의 블로그 '인천의 어제와 오늘'

용현시장

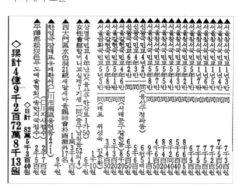
1975년 7월 24일 「경향신문」

낙원떡집

시장 천장에도 용이 길게 걸려있다.

극장 길이는 사진을 찍은 곳에서 끝에 보이는 건물까지였다.
사진에 보이는 곳이 전부 한일극장 자리였다.

옛 한일극장 자리

서 숭의동과 제물포역 주변, 용현동 일대 주민들이 애용했다. 개설 초기 1,000여 개의 점포가 성업할 정도였다. 1964년에 설립된 한일극장은 특이하게도 이 시장 한가운데에 위치해 있었다.

아쉽게도 한일극장 사진은 지금까지 단 한 장도 발견되지 않았다. 그런데 용현동에서 치과를 운영하는 김식만 원장님이 1967년 용현시장 일대 항공사진을 찾아내셨다. 가운데 큰 지붕이 보이는 건물이 한일극장이다. 두 편 동시 상영관이었다.

"극장 천정도 꺼져. 인천서 30여 명 부상. 31일 오후 2시 10분쯤 인천시 용현동 472 한일극장(대표 유재훈 47)의 슬레이트 천정 1백50여 평이 폭설로 대들보가 부러지면서 내려앉아 앞자리에서 구경하던 용현동 88 김덕현 씨 등 30여 명이 중경상을 입었다. 이날 극장 안에는 1백50여 명의 관중들이 영화 〈전설따라 삼천리〉를 구경하고 있었는데 스크린 쪽의 천정이 폭삭 내려앉았다. 이 극장은 지난 64년 12월에 인천시 송림동 홍모씨가 청부 맡아 지은 것인데 경찰은 이 정도의 폭설로 지붕이 무너진 것은 날림공사 탓으로 보고 홍씨를 수배하는 한편 극장 대표 유씨를 연행, 진상을 조사하고 있다."

(1968년 2월 1일 「조선일보」)

한일극장에서 어이없는 사고가 발생했다. 참담한 사건이었지만 위 기사를 통해 중요한 정보를 알 수가 있었다. 한일극장 개관이 1964년이라는 것과 크기가 150평 규모였고, 극장 대표가 유재훈이라는 사실이다.

시장 안으로 들어가면 낙원떡집이 나온다. 이곳에서 30년 동안 장사를 하신 사장님은 떡집 자리가 한일극장이었다는 것을 알고 계셨다. 그러나 한일극장에서 영화를 본 적은 없다며 건너편 가게 할머니가 잘 알고 계실 거라고 귀띔해 주었다.

용현시장에서 50년 넘게 장사하신 할머니는 사진 왼쪽 새로나상회에서 오른쪽 맨 끝 전주반찬 가게까지가 한일극장 정면이었다고 말씀해주셨다. 고려왕족발과 소문난 엄마김치 가게가 극장입구였다. 이 일대 유일한 극장이어서 늘 장사진을 이뤘다고 했다.

용현시장이 용처럼 긴 것도 특이하고 한일극장은 그 시장 안에 있어 참으로 독특한 극장이었다. 그러나 한일극장은 오래가지 못하고 1976년에 폐관되었다.

물텀벙특화음식거리와 용현시장 그리고 옛 한일극장 위치

서울극장, 인천극장, 부산극장, 대전극장, 대구극장 등은 각 지명을 따서 이름이 하나밖에 없는 극장들이다. 그렇다면 전국에서 가장 흔한 극장 이름은 무엇이었을까. 바로 중앙극장이다. 중요 도시마다 중앙극장이 있었다.

　대학 시절 친구와 함께 〈명자 아끼꼬 쏘냐〉를 보기 위해 중앙극장에 갔었다. 평소 그 친구는 영화를 좋아하지 않았다. 내가 간신히 꼬셔야 영화를 보던 녀석이었는데, 보고 나면 재밌다고 했던 특이한 친구였다. 한번은 보기 싫다는 녀석을 또 꾀어서 〈명자 아끼꼬 쏘냐〉를 중앙극장에서 봤다. 이 영화는 세 나라 국적의 세 가지 이름을 가져야만 했던 한 기구한 여인의 삶을 통해 사할린 억류 동포들의 애환을 그린 작품이었다. 당시 18억 원의 엄청난 제작비와 4개국 로케 촬영을 한 이장호 감독의 대작이었는데 내가 봐도 영화가 썩 재밌지는 않았다. 친구 녀석은 입이 삐죽 나올 정도로 불만을 토했고, 나는 결국 중앙극장 맞은편 제일시장에서 순대볶음과 소주를 사야 했다.

　아폴로극장은 중앙극장의 전신으로 김주섭이 1968년 도화동 415에 설립했다. 주안지역 최초의 극장인데 동인천 지역 개봉관에서 상영했던 영화를 받아 재상영했다.

1992년 〈명자 아끼꼬 쏘냐〉

1972년 아폴로극장, 출처: 국가기록원

1972년 6월 21일 「조선일보」

1975년 아폴로극장, 출처: 인천시청 기록관

중앙극장, 출처: 1979년 발행 인천대관

1972년 극장 입장권의 번호를 복권처럼 추첨하여 당첨자를 발표했는데 1등이 아폴로극장 관람객이었다. 2등은 인천 세계극장과 서울 금성극장에서 나왔고 3등은 인천극장, 수원 아카데미, 서울 아카데미극장이었다.

1975년 인천시의 도로 계획에 따라 아폴로극장 건물 앞부분이 허물어져야 했다. 김주섭은 유제환에게 극장을 매각했다. 유제환은 인천극장, 한일극장, 백마극장 등을 소유했었다.

그해 유제환은 아폴로극장 자리에 중앙극장을 신축했다. 중앙극장은 당시 남구의 유일했던 개봉관으로 대형 스크린을 완비하고 애관극장과 대등할 정도로 성업했다.

유제환 사장이 남긴 구술 기록에 따르면 〈로보트 태권브이〉를 상영할 때 관객들이 셀 수 없을 정도로 몰려와서 매표소에서 제물포역까지 줄을 섰다고 한다. 중앙극장에서 제물포역까지는 1.9km다. 다소 과장된 표현이지만 그만큼 관객들의 사랑을 받았던 극장이었다. 그리고 중앙극장 2층에는 특이하게도 뮤직박스가 있었다. DJ는 영화가 쉬는 시간에 음악을 틀었다.

1977년 중앙극장에서 이성민 감독, 한미영, 이형걸 주연의 〈사랑의 계절〉이 개봉되었다. MBC가 모집한 사랑의 수기 최우수작이었던 〈여고 삼년생〉을 영화로 만든 것이다. 당시 수기를 쓴 여고생이 송지나였다. 그녀는 드라마 작가가 되어 〈여명의 눈동자〉, 〈모래시계〉, 〈태왕사신기〉 등을 집필했다.

1994년의 영화표는 특별시사권이라고 했지만 2,000원을 내야 입장이 가능했던 할인권이다. "초일은 받지 않습니다"라는 문구는 개봉 당일에는 특별시사권을 사용할 수 없다는 뜻이다. 그리고 좌상에 '비매품'이라 표시되었지만 실제로 거래가 되기도 했다.

중앙극장은 1995년에 2개관으로 증축했다. 그러나 1999년 구월동에 CGV인천 14가 개관하면서 2002년에 문을 닫고 말았다.

1976년 〈로버트 태권브이〉

1977년 중앙극장 광고판, 출처: 미림극장 전시관

1995년 중앙극장, 출처: 미추홀구청

1994년 중앙극장 특별시사권, 출처: 수도국산달동네박물관

현재 기아자동차 서비스센터 인천지점 자리다.

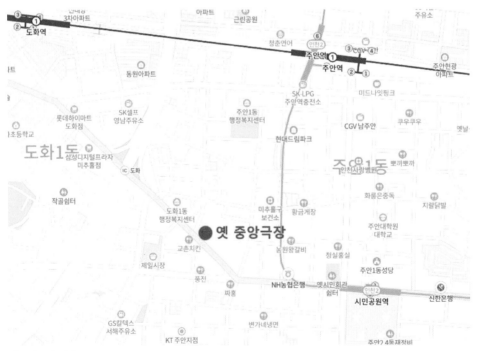

옛 중앙극장 위치

오성극장 같이 특이한 극장은 없을 것이다. 옛날 극장들은 보통 단독건물로 지어졌는데 오성극장은 양키시장 위에 공중권을 사서 설립한 극장으로 지상권이 없었던 매우 특이한 극장이었다. 극장명도 독특했다. 오윤섭이 1971년 동구 송현동 92에 개관했는데 오(吳)씨 자신만의 성(城)이라 하여 오성극장이라 이름 지었다. 오윤섭은 미림극장의 창업주 고은진의 사위였다. 미림극장 초기부터 운영에 참여해 큰 공헌을 했다. 정치적 수완이 좋았고 비즈니스 감도 있었다. 미림극장은 송현동, 송림동 서민들이 많이 가는 극장이었는데 동인천역 앞쪽 사람들이 오기에는 불편했다. 지금처럼 동인천역에서 오는 지하상가가 없었기 때문에 미림극장을 가려면 화평철교나 배다리철교 쪽으로 빙 돌아가야 했다.

그런 상황에서 오윤섭은 동인천역과 송현동을 관통하는 지하상가를 만드는 데 일조했다. 이 때문에 미림극장은 더욱 번창할 수 있었다. 그러나 미림극장이 큰아들인 고용성에게 넘어가자 오윤섭은 미림극장을 그만두고 바로 옆에 오성극장을 세웠다.

그 시절 오성극장의 로비에는 아담한 분수대가 있었고 시설이 제법 괜찮았다. 1974년 오성극장 내부 사진 속 앵무새는 사람 말을 곧잘 따라 해서 인기가 좋았다. 앵무새가 워낙 유명해서 MBC 6시에 하는 '어린이 마을'에 특별 출연하여 휘파람

1970년대 오성극장

1963년에 개통된 동인천 지하상가

1980년대 동인천역과 오성극장, 앞쪽에 동인천역이 있고 중앙이 오성극장이다. 극장 뒤로 수도국산이 보인다.

1975년 11월 20일 「경향신문」

1974년 오성극장 내부. 사진 속 인물이 오윤섭 사장이다. 제공: 인천시청기록관

1990년 오성극장

2000년 시네팝, 제공 김보섭 사진작가

건물에 남아있는 시네팝 간판

극장 간판을 걸던 곳

구 지하상가 입구에 남아있는 시네팝의 흔적

애관극장 2관의 흔적

현재 오성극장, 무려 20년 동안 빈 건물로 남아있는데 곧 허물어지고 청년주택이 들어설 예정이라고 한다.

솜씨와 사람의 말솜씨 등을 흉내 내기도 했다.

'1990년 오성극장'의 사진 오른쪽 간판에 그려진 〈파리, 텍사스〉는 1984년 칸 그랑프리 작품상을 받은 영화다. 감독이 빔 벤더스라는 것도 모르고 사전정보 없이 영화를 봤는데 엄청난 큰 충격을 받았다. 가슴을 울리는 기타 소리와 아름다운 화면 연출에 매우 감동하여 집에 돌아갈 생각도 잊고 자유공원 벤치에 앉아 계속 이 영화를 생각했다. 그때 영화감독을 해야겠다고 결심했다. 내 인생의 영화가 〈파리, 텍사스〉였다.

1996년에 오성극장은 시네팝으로 바뀌었고, 그 후 2001년에 애관극장이 인수하여 애관극장 2관으로 변경되었다. 그러나 얼마 못 가 2003년에 폐관되었다.

옛 오성극장 위치

인형극장은 김제순이 1978년 5월 29일 중구 용동 100번지에 2층 규모로 개관했다. 동인천역 앞에 있던 인영극장이 1972년 폐관되고 그 자리에 인영빌딩이 들어섰는데 그 건물 건너편에 환희고고장이 있었다. 그곳 사장이었던 김제순의 꿈은 인영극장 같은 영화관을 운영하는 것이었다. 인형극장은 개관 초기에 김추자, 혜은이, 남진 등 쇼를 많이 했다. 영화 상영보다 쇼 공연 수입이 월등히 좋았다.

인형극장은 동인천역 인근에 있어 지리적 요건은 좋았지만 가까운 거리에 있는 애관극장의 경쟁상대가 되지 못했다. 그래서 1989년 인형극장이 선택한 것이 바로 'UIP 직배 영화'였다. UIP(United International Pictures)는 미국영화배급사 연합체로 한국에 직접 배급을 시도했다. 그래서 기존 메이저 개봉관들은 UIP 직배를 거절했고 UIP가 선택한 극장은 신영극장, 코리아극장 같은 변두리 2류 극장들이었다. 그러자 개봉관들이 집단 휴관을 하면서 반발하였고, 영화인들은 한국 영화의 존립 기반이 무너졌다며 격렬히 저항했다. 당시 대부분 영화사는 한국 영화 제작보다 외화 흥행 수익에 의존하고 있었기 때문이었다. 그때 UIP 직배 1호 영화가 〈위험한 정사〉였다. 한국영화인협회 소속 영화감독, 시나리오작가 등이 모여 〈위험한 정사〉를 상영했던 신영극장 안으로 들어가 관람객들을 내쫓고 스크린에 붉은 스프레

1989년 3월 18일 「한겨레신문」

1986년 〈에이리언2〉 캘린더, 출처: 이재준 에그머니 디자인 스튜디오

1978년 〈사대통의문〉 포스터, 출처:
수도국산달동네박물관

1994년 인형극장. 제공 최명선 화백

1996년 인형극장. 제공 최명선 화백

현재 수요양원

이로 "미국영화 몰아내자"를 쓰는 소란이 발생했다. 암모니아를 뿌리고 뱀을 풀어놓기도 했다. 그러나 UIP 영화는 화제작이 많아 관객 입장에서는 나쁠 것이 없었다. 인천에서는 인형극장이 UIP와 손을 잡았다. 〈레인맨〉, 〈사랑과 영혼〉 같은 UIP 화제작이 줄이어 개봉되면서 엄청나게 많은 관객이 인형극장을 찾았다.

폭발적인 성장세에 힘입어 인형극장은 1994년 2개관으로 증축했고, 1년 후인 1995년에는 총 3개관으로 다시 증축했다. 인천 최초의 3개관 극장이었다. 그리고 2000년에는 IMC3로 변경되었다. IMC(International Multi Cine)는 대형 극장 체인을 갖추고자 하는 김제순 사장의 야심작이었다. 그러나 인천 시민들은 계속해서 인형극장이라 불렀다. 인형극장은 대기업 멀티플렉스의 위세에 밀려 2005년 폐관되었고 수요양원으로 바뀌었다.

인천 토박이인 최명선 화백은 현대극장에서 간판 조수 생활을 시작했고 인형극장에서 10년 정도 미술부장을 했다. 현재 송월동 동화마을에서 벽화를 그리고 있으며 인천맥주의 모델이기도 하다.

"어릴 적부터 만화 그리기를 좋아했다. 극장 간판에 흥미를 느껴 현대극장에서 조수 생활을 시작했고 대한극장, 애관극장, 키네마극장 등에서 간판을 그렸다. 인형극장에서는 10년 정도 근무했고 2002년에 은퇴했다. 동방극장의 김기영 선배, 미림극장 김기봉 선배가 간판 1세대이고 오성극장 김형욱과 부평극장 김부장이 2세대이며 나는 3세대가 된다. 극장 간판은 내 다음 세대인 4세대에서 실사 간판이 등장하면서 끝났다. 인형극장은 UIP 영화를 인천에서 단독 상영하여 꽤 관객들이 많았다. 총 3개관의 간판을 그려 무척 바쁜 시절을 보냈다. 당시 극장 주변 동네는 인형극장 덕분에 먹고 살았다고 해도 과언이 아니었다. 관객줄이 인현통닭까지 이어질 정도였다. 그러나 인형극장이 폐관되고 인현동 화재 사건이 발생하면서 이 일대는 몰락한 거리가 되고 말았다."

김제순은 IMC3에 이어 2002년 연수구 청학동 502-2에 IMC9을 개관했다. 명칭에서 알 수 있듯이 총 9개관이었는데 좌석 수가 2,416석에 달했다. 그리고 2003

년에는 부천 상동 세이브존에 2,204석 규모로 IMC11을 설립했다. 인천 지역자본 최초로 대형 극장 체인을 이룬 것이다.

IMC9은 2008년에 전국 좌석 수 규모 극장 순위로 11위를 차지할 정도였다. 그때 CGV인천14는 3위였다. 그러나 2010년 IMC9은 롯데시네마로 바뀌었고 그것도 얼마 못 가 폐점되고 말았다.

최명선 화백

IMC9 분양 당시 조감도

순번	광역단체	기초단체	영화관명	관수	총좌석수
1	서울시	종로구	서울극장11	11	4,532
2	서울시	강남구	메가박스코엑스16	16	4,336
3	인천시	남동구	CGV인천14	14	3,677
4	부산시	중구	대영시네마7(부산)	7	3,068
5	충청남도	천안시	야우리시네마14(천안)	14	3,050
6	서울시	중구	대한극장11(서울)	11	2,754
7	대구시	북구	메가박스대구10	10	2,484
8	경기도	안산시	CGV안산12 - 유관	12	2,454
9	부산시	중구	부산극장8	8	2,441
10	대구시	중구	MMC만경관15	15	2,417
11	인천시	연수구	IMC9(인천)	9	2,416

2008년 전국극장 좌석 수 순위

IMC9이 있던 곳

옛 인형극장과 IMC9 위치

──────── 청천극장(1988~2000년대 초)

청천극장이 있던 곳

청천극장은 1988년에 개관했다. 건물 지하에 있었고 동시상영관이었다. 1999년에는 놀랍게도 포르노 영화를 상영해서 극장주가 구속되기도 했다. 기존 영화 상영 뒤 예고편 시간에 약 15분간 포르노를 상영한 것이다. 당시 인천의 몇 군데 성인영화관에서 몰래 포르노 영화를 튼다는 소문이 사실로 드러난 사건이었다. 청천극장은 2000년대 초에 폐관하였다.

──────── 부평문화극장(1989~1995)

부평문화극장은 1989년 동수교회 맞은 편 부평6동 611-11 지하에 개관했다. 성인영화를 동시상영하던 극장이었다. 1995년에 폐관했다.

지금 다나은병원 자리였다.

1993년 극장게시판. 출처 부평구청

동암시네마(1990~1995)

동암역

동암시네마가 있던 건물

건물 입구에 '동암시네마극장' 간판이 그대로 남아있다.

예전 주안산에 동(銅)을 캐는 광산이 있어 동암(銅岩)이란 지명이 나왔다. 동암은 1960년대까지만 해도 사람이 살지 않는 붉은 산비탈의 불모지였다. 황해도 난민촌을 동암으로 이주하면서 새롭게 마을이 형성되었다. 1974년에 동암역이 설립되면서 과거 수출 5·6공단이 호황을 누리던 1990년대 초까지 동암역 상권은 대단했다.

동암시네마는 동암역 2번 출구 앞 먹자골목에 1990년에 개관했다.

초기에는 제법 관객이 많은 극장이었는데, 동시상영관을 거쳐 성인영화관이 되더니 1995년에 폐관되었다.

현대시네마(1991~1995)

1991년 2월 6일 「한겨레신문」

2001아울렛

부평지역 최초의 백화점은 1991년에 개점한 현대백화점 부평점이다. 이 백화점 5층에 현대시네마가 있었다. 그러나 불과 4년만인 1995년에 폐관되었다. 현대백화점은 2003년에 폐점되고 2001아울렛이 되었다.

엡스시네마(2000~2003)

엡스201 분양 광고, 1999년 12월 11일 「동아일보」

현재 빈 건물로 20년 동안 방치되어있다.

엡스시네마는 2000년 엡스201 5층에 개관했다. 1관 230석, 2관 237석 규모였다. 당시 엡스201 분양광고 모델이 이정재였다. 그러나 2003년에 폐관되었다.

부평키넥스5(2001~2007)

부평키넥스5는 2001년 부평역사 7층에 개관했다. 〈투캅스〉, 〈공공의 적〉 등을 히트시킨 강우석 감독이 설립한 시네마서비스가 극장업에 진출하면서 세운 게 키넥스

부평키넥스5가 있었던 부평역사

였다. 부평키넥스5를 시작으로 영통키넥스5와 평촌키넥스10 3곳이 있었다. 부평키넥스5는 좋은 입지 덕분에 부평극장과 대한극장을 능가할 정도로 성업했다. 그러나 대기업 멀티플렉스의 위세에 눌려 2007년에 폐관되었고 2008년 롯데시네마 부평점으로 바뀌었다. 이때가 개인이나 중소기업에서 설립한 멀티플렉스를 CJ나 롯데 같은 대기업이 경쟁적으로 사들여 극장 수를 늘리기 시작할 때였다.

——————— 네오씨네플렉스10(2003~2004)

2010년 네이버 거리뷰

네오씨네플렉스10은 2003년에 청천동 아이즈빌아울렛에 10개관으로 문을 열었다. 당시 인천 최강의 화질과 사운드를 자랑할 정도로 영화 마니아들 사이에서 평이 좋은 극장이었다. 그러나 불과 1년만인 2004년에 매각되어 CGV부평10으로 바뀌었다.

옛 동암시네마, 현대시네마, 엡스시네마, 부평문화극장, 청천극장, 네오씨네플렉스, 부평키넥스5 위치

25장

희
망
극
장
(
1
9
8
5
~
2
0
0
4
)

1980년 미도파슈퍼 간석점이 개점했다. 그 후 증축해서 1984년에 희망백화점으로
바꾸었다. 희망백화점은 1980년~90년대 인천을 대표하는 백화점이었다.

희망극장은 1985년 희망백화점 3층에 164석으로 개관했다. 주로 어린이들을
위한 연극 공연, 영화 상영과 각종 문화행사를 개최했다.

1985년에 희망극장은 별관 5층으로 이전했고 〈창밖의 여자〉, 〈인자문살수〉 같
은 성인영화도 동시상영했다.

1986년 최영준의 모노드라마 〈약장수〉를 공연했다. 최영준은 인천에서 〈약장
수〉, 〈팔불출〉 등을 직접 제작하여 무대에 올렸고 신파극 〈이수일과 심순애〉도 제작
하여 직접 변사로 나서기도 했다.

1988년 심형래가 나오는 〈슈퍼 홍길동〉이 희망극장뿐만 아니라 주안극장, 자
유극장에서도 상영되었다. 심형래는 당대 최고의 코미디언이었다. 영구와 땡칠이 시
리즈, 우뢰매 시리즈 등 수십 편의 어린이영화에 출연했다.

1993년 희망극장에서 개봉한 〈키드캅〉은 이준익 감독의 데뷔작이었다. 그후
〈왕의 남자〉, 〈사도〉, 〈황산벌〉같은 흥행작을 연출했다. 〈키드캅〉은 개그맨들이 나
왔던 기존 어린이영화와 차별화를 시도했으며 삼성물산에서 투자받았다. 그러나 개

희망백화점, 출처: 「인천일보」

5년 11월 신문광고

1985년 5월 18일 「매일경제」

1986년 7월 18일 「동아일보」

1988년 〈슈퍼 홍길동〉 캘린더, 출처: 이재준 에그머니 디자인 스
튜디오

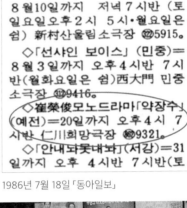

2003년 극장 전용 게시판, 출처: 유동현

봉 1주일 만에 막을 내렸고 관객은 2만 명에 그치고 말았다. 그 후 이런 어린이영화는 다시 시도되지 않았다.

2003년 희망극장에서 상영된 〈갈갈이 패밀리와 드라큐라〉를 연출한 남기남은 '한국의 에드 우드'라 불렸던 독특한 감독이었다. 한국에서 그보다 빨리 작품을 찍어대는 감독은 없었다. 별칭이 '필름 남기남⑦'일 정도였다. 그가 연출한 〈영구와 땡칠이〉는 비공식적으로 전국 180만 관객을 모으기도 했다.

〈아키라〉는 오토모 가쓰히로 감독의 전설적인 애니메이션이다. 전통적인 셀 애니메이션 기법으로 만들어져 전 세계에 충격을 안겨주었다. 암울하고 반항적인 미래를 표현하고 무정부주의 세계관을 지향하는 작품인데 〈폭풍소년〉이란 엉뚱한 제목으로 1991년 희망극장에서 개봉되었다. 더욱 놀라운 점은 당시 일본 영화는 극영화, 애니메이션 모두 상영금지였는데 수입사가 이를 홍콩 영화라고 속여서 불법으로 상영한 것이다. 뒤늦게 상황을 파악한 문화부는 상영금지 조치를 하였고 수입사는 영화업 등록을 취소당했다. 그 후 영화는 2017년 〈아키라〉라는 원래 제목으로 정식 개봉되었다.

희망백화점은 동인천 인천백화점, 부평의 동아시티백화점, 현대백화점을 제치고 인천 최대 매출의 백화점이었다. 1992년 백화점 매출신장률이 서울 제외 수도권 1위를 차지할 정도였지만 1997년 관교동에 신세계백화점과 롯데백화점이 들어서면서 급속히 몰락했다. 결국 2004년에 부도가 나면서 올리브백화점으로 변경되었고 이때 희망극장도 폐관되었다. 그 후 올리브백화점은 2016년 올리브아울렛으로 바뀌었다.

1993년 7월 15일 「동아일보」

〈폭풍소년〉과 〈아키라〉

현재 올리브아울렛

옛 희망극장 위치

26장

인
하
씨
네
마
(
1
9
8
6
~
1
9
9
6
)

철도, 교회, 고속도로, 호텔, 짜장면, 야구, 사이다, 성냥 등등 인천에는 최초가 참
으로 많다. 미국 이민도 인천에서 시작했는데 내용을 알고 나면 가슴 아픈 역사다.
1902년 12월에 121명이 제물포(현재 인천역 부근)에서 겐카이마루호를 타고 일본 나
가사키로 출발했다. 그곳에서 하와이로 가는 미국 갤릭호로 갈아타고 1903년 1월에
하와이 호놀룰루에 도착했다. 무려 20일이 걸린 대장정이었는데 중간에 탈락자를
빼고 86명이 상륙 허가를 받았다. 이것이 한국 최초의 이민이었다. 처음 승선했던
121명은 대부분 내리교회 신자였는데 그 교회 존스 목사가 교인들에게 이민을 추천
했기 때문이었다.

> "하와이 군도로 누구든지 일신이나 혹 권속을 데리고 와서 정착하고자 간절
> 히 원하는 자에게 편리함을 공급하노라… 기후는 온화하야 심한 더위와 추위
> 가 없으므로 각인의 기질에 합당함 … 월급은 미국 금전으로 매월 십오 원씩
> 이고…"

이민공고문은 달콤한 문구로 이민을 유혹했지만, 하와이에 도착한 이주민을

월미도에 있는 한국이민사박물관

1952년 인하공대 개교식, 출처: 인하대

인하부중 입학 기념사진

비룡탑과 인경호

기다리는 것은 혹독한 노동이었다. 그들은 하루 10시간을 일했고 일주일에 단 하루 일요일만 쉴 수 있었다. 남자는 월급으로 17달러를 받았다. 한인들은 교회와 학교를 세우면서 낯선 땅에 정착하기 시작했고 모국 독립운동에 자금을 대기도 했다.

1952년 하와이 한인들이 이민 50주년 기념으로 모국의 공업화를 위해 인하공과대학 설립에 성금을 냈다. '인하'라는 이름은 인천의 '인'(仁)과 하와이의 '하'(荷)에서 유래했다.

인하부중 입학 기념으로 여동생과 인하대 교정에서 사진을 찍었다. 당시에는 학교 안에 왜 대한항공 비행기가 있는지 몰랐다. 나중에 한진그룹이 재단이라는 것을 알았다.

중학생에게 대학 캠퍼스는 새로운 세상이었다. 점심에는 친구들과 함께 인하대 학생 식당에서 밥을 먹기도 했고 대학 축제가 펼쳐지면 신이 나서 이곳저곳을 기웃거렸다. 나중에 인하대로 진학하는 친구들도 많았다. 고등학교 졸업 후 우리 친구들은 자주 인하대 후문에서 모였다. 식당, 당구장, 술집 등 모든 곳이 저렴했다. 계란빵이 시작된 곳도 인하대 먹자골목이었다.

그리고 매주 금요일마다 인하대 대강당에서 '인하금요명화감상회'가 열렸다. 무료로 영화를 볼 수 있어 인기가 무척 좋았다. 인하대 학생뿐만 아니라 타 대학 학생, 동네 주민들도 영화를 보기 위해 대강당을 찾았다. '인하금요명화감상회'는 1987년 교양수업으로 시작하여 매주 금요일 3시에 시작했다. 필름으로 상영했는데 영상자료원이나 영화사에 협조를 구해 상영했다. 대강당은 필름영사기와 사운드 시스템을 갖추었고 500명을 수용할 수 있었다. 임권택, 이태원, 안성기 등이 초빙되어 영화감상 후 강연이 이어지기도 했다. 감상회는 2004년까지 이어졌다.

인하씨네마는 1986년 인하대 후문 용현성당 옆에 개관했다. 180석의 소극장이었는데 인하대 학생들은 학생증을 보여주면 할인 혜택을 받았다.

그때 1987년 〈영웅본색〉을 시작으로 홍콩느와르 시대가 펼쳐졌다. 주윤발, 유덕화, 왕조현, 장국영 등은 한국에서 최고의 인기스타였다. 그러나 90년대 중반이 되자 홍콩 영화의 몰락이 시작되었다. 1997년 홍콩반환이 중요한 요인 중 하나였지만 가장 큰 문제는 '끝없는 자기복제'였다. 졸속제작과 아류 영화들이 양산되면서

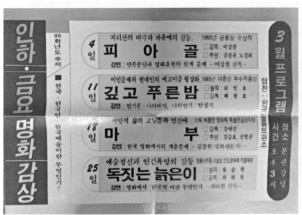

인하금요명화감상회, 출처: 김종원

인하씨네마가 있던 건물

1987년 〈영웅본색〉 포스터

1989년 〈호월적고사〉 캘린더, 출처: 이재준 에그머니 디자인 스튜디오

더 이상 관객들의 흥미를 끌지 못했다.

인하씨네마는 개관 10년만인 1996년에 폐관되었고 그 자리에 주점 강대포가 들어섰다. 거리 이름도 강대포사거리로 불렸다. 그러나 유명했던 강대포도 문을 닫고 현재 피시방으로 바뀌었다.

옛 인하씨네마 위치

제물포역은 1959년에 세워졌다. 제물포역 근처 숭의동, 도화동은 당시 변두리였는데 한국전쟁 이후 그곳에 박문학교, 동인천학교, 동산학교 등이 세워지면서 통학생들을 위해 간의역으로 신설되었다.

처음에는 역명을 숭의역으로 계획했지만, 뜬금없이 제물포역이 되고 말았다. 원래는 현재 인천역 인근이 제물포였다. 그런데 그곳을 인천역이라 이름 짓고, 인천시청 동쪽에 동인천역이 생기면서 제물포와는 전혀 상관없는 지역이 제물포역이 되고 말았다.

제물포역 하면 인천시민에게 가장 먼저 떠오르는 것은 아마도 선인재단일 것이다. 1965년 백인엽이 성광학원을 인수하여 선인학원으로 이름을 바꿨는데 52만 평에 달하는 엄청난 규모로 백인엽의 왕국이었다. 진흥유치원부터 효열초등학교, 선인중, 인화여중, 선화여중, 선인고, 인화여고, 항도고, 운봉고, 운산고, 인천전문대, 인천대에 이르기까지 무려 15개의 학교가 있었다. 학생 수만 3만6천 명이 넘었다. 한때 인천 학생의 25%가 선인재단 학교에 다녔다고 하니 상상을 초월할 동양 최대 사학이었다. 특히 1973년에 세워진 선인체육관이 유명했는데, 당시 장충체육관보다 3배나 컸으며 무려 3만의 관중을 수용할 수 있었다. 400m 육상 트랙까지 갖춰진

1959년 7월 3일 「동아일보」

1967년 제물포역

선인체육관, 출처: 1991년 8월 20일 「조선일보」

1998년 극장 전용 게시판, 출처: 내동일번지

영화 〈고양이를 부탁해〉 한 장면

2017년 제물포극장, 이 건물 3층에 있었다.

성인영화관 간판

극장입구

돔 경기장으로 동양 최대규모였다. 1976년 홍수환과 사모라의 WBA 팬텀급 타이틀 매치가 열렸는데 인천시민들의 행렬이 제물포역까지 이어졌다.

제물포역 뒤쪽 먹자골목 분식점과 술집은 학생들로 넘쳐났고 가장 활기찬 상권이었다. 그러나 선인재단의 비리가 논란이 되자 1994년 학교 경영권이 인천시로 넘어갔고 선인학원은 해체되었다. 그 후 많은 학교가 이전 혹은 사라지면서 제물포역의 화려함은 옛 추억이 되고 말았다.

제물포극장은 1986년 제물포역 남쪽에 설립되었다. 개관 초기에는 일반영화를 상영하던 소극장이었는데 언제부턴가 삼류 에로영화를 트는 비디오 극장으로 전락했다.

극장 입구에 영화 시간표와 연령별 요금 표지판 등 일반영화를 상영하던 초기 흔적이 남아있었다.

비슷한 시기에 생긴 국도극장, 단성사, 명보극장, 스카라극장이 10년도 못가 사라졌지만 꿋꿋하게 버텼던 '인천의 마지막 성인영화극장' 제물포극장은 2020년에 폐관되었고 현재 치과로 바뀌었다.

제물포극장 인근에 있는 제물포시장은 1972년에 개설되었는데 유동 인구가 많았던 당시에는 수산물 가게, 청과점, 정육점, 식당 등 각종 점포가 즐비했었다. 그러나 1990년대에 신도시로 인구가 이동하면서 시장은 쇠퇴하기 시작했다.

그러다가 어느날 〈써니〉, 〈신세계〉 등 영화의 촬영지로 유명해졌다. 하지만 영화에 등장하는 허름하고 낙후된 건물 장면이 그리 반갑지만은 않다. 제물포역 인근은 동인천역과 마찬가지로 30년 가까이 동면 중이다.

현재

제물포시장

2011년 영화 〈써니〉의 한 장면

현재 제물포역

옛 제물포극장 위치

계양은 계양산에서 유래했는데 무려 정명 800년의 역사를 지니고 있다. 삼국시대에 축조된 것으로 추정되는 계양산성이 있으며 고려시대에 계양도호부가 설치되면서 처음으로 계양이란 행정 단위의 읍호가 사용되었다.

계양구에 처음 설립된 극장이 1987년 효성극장이다. 인천의 다른 지역에 비해

계양산성, 출처 계양구청

2012년 네이버 로드뷰

옛 효성극장 자리

1988년 〈구룡의 눈〉 캘린더, 출처: 이재준 에그머니 디자인 스튜디오

2010년 네이버 거리뷰

1993년 계산예술극장 영화 포스터

옛 계산예술극장 자리

현재 건물명이 계산예술빌딩이다.

상당히 늦은 편이었다. 건물 4층에 있었고 1996년에 폐관했다.

계산예술극장은 1989년 작전동에 개관했다. 건물 4층에 있었고 252석 규모였다. 2006년에 폐관했다.

효성극장과 계산예술극장 위치

29장

서구의 석남극장
(1988~1996)과
두성극장(2001~2008)

광성고를 다닐 때 같은 반에 가좌동에 사는 친구가 있어 서구를 처음 가봤다. 학교에서 제법 먼 거리였고 동구에서만 살던 나에게는 참으로 낯선 동네였다. 공장들이 즐비했고 다가구 연립주택들이 좁은 골목 사이로 다닥다닥 붙어있었다. 그 친구 얘기로는 극장 하나 없어 영화 한 편을 보려면 동인천으로 나가야 한다고 했다. 서구는 '개건너'라 불린 곳으로 인천 시내에서 서구(당시 서곶)로 가려면 번직이나루에서 나룻배를 타고 갯골을 건너야 했다. 그래서 '개건너'인 것이다. 1958년에 인천교가 생기면서 비로소 서구는 걸어갈 수 있는 동네가 되었지만 1980년대 그 일대가 매립되면서 인천교가 사라졌다. 하지만 아직도 그곳을 인천교라 부른다.

이원규 소설가

이원규 작가는 고향인 서구에 대해 이렇게 언급했다.

"내가 살던 서구는 당시 변두리였다. 인천 중심지까지 나오려면 1시간 반이나 걸렸다. 믿기 힘들겠지만, 라디오를 유선으로 집마다 연결해서 듣던 시절이었다.

1970년대 인천교

1992년 12월 3일 「한겨레신문」

옛 석남극장 자리

옛 두성극장 자리

두성주차장

석남극장과 두성극장 위치

틀어주던 사람에게 쌀 한 말 주고 들었을 것이다. 전기도 상당히 늦게 들어왔던 지역이었다. 그래서 서구 사람들은 영화를 접할 기회가 별로 없었다. 황해사라고 검암동에 2층 건물이 있었는데 개간을 목적으로 만든 일본인 회사였다. 해방 후 그 건물은 나중에 새마을운동협회 같은 공간으로 사용되기도 했는데 그 건물에서 이따금 영화를 상영했었다. 내가 여섯 살쯤 형, 누나와 함께 〈검사와 여선생〉이란 영화를 봤는데 주위 사람들이 영화를 보고 모두 울었던 기억이 난다.”

석남극장은 서구 최초의 극장으로 1988년에 개관했으며 1996년에 폐관했다. 1992년에 독립운동가 이회영 선생의 손자인 새한국당의 이종찬 후보가 때마침 〈장군의 아들 3〉을 상영 중인 석남극장 앞에서 유세를 벌이기도 했다.

두성극장은 2001년 석남동 신현사거리에 개관했다. 일반 영화관이 아닌 비디오물 성인 전용관이었고 무려 3편을 동시상영했다. 2008년에 폐관했다. 사라진 극장은 흔적을 남겼다. 건물 뒤에 두성주차장이 있다.

동인천은 인천의 중심이었다. 모든 것이 동인천으로 통했던 시절이 있었다. 친구들과의 약속 장소는 늘 대한서림이었고 그 근처 전자오락실, 지하상가, 당구장, 술집에는 사람들이 넘쳐났다. 감미당의 쫄면, 웨이브의 멋진 옷, 인하삼치집의 삼치와 소성막걸리, 애관극장에서 영화 한 편까지 모든 것을 동인천에서 해결할 수 있었다. 유동현 전 인천시립박물관장의 말을 빌리면 한때 인천의 최고 스타 플레이어였던 동인천은 은퇴 경기도 제대로 치르지도 못하고 무대 뒤로 갑자기 사라져 버렸다. 당시 전국 어느 곳보다 화려했던 동인천은 옛 모습 그대로 동면해 있다. 가끔 동인천에 가면 그 모습에 반갑기도 하지만 을씨년스러운 분위기에 자못 슬퍼지기도 한다.

　인천에는 최초가 참으로 많다. 1899년 9월 18일에 우리나라 최초의 철도, 경인선이 개통되었다. 제물포(현 인천역)에서 서울 노량진역까지 철도가 놓였다. 제물포-축현-우각동-부평-소사-오류동-노량진 모두 7개 역이었다. 당시 인천에서 서울까지 걸어서 10시간 정도 걸렸는데 철도가 생기면서 1시간 40분으로 단축되었다.

　현 동인천역의 시작은 축현역이다. 1924년에는 승객이 89만 명에 달해 경성역과 평양역에 이어 조선에서 3위를 차지할 정도였다. 1955년에 동인천역으로 변경되었고, 1989년에는 최초의 민자역사로 신축되었다.

옛 축현역 자리, 현재 청과물시장 주차장

1896년 경인철도 기공식, 출처: 인천역사자료관

1901년 축현역, 출처: 인천역사자료관

1960년대 동인천역, 출처: 인천역사자료관

1974년 8월 15일 경인 전철 개통식, 출처: 인천역사자료관

1989년 4월 15일 「매일경제」

1989년 〈붉은 수수밭〉 신문광고

1992년 〈아이다호〉 신문광고

옛 인천백화점 건물에 남아있는 엔조이의 흔적

동인천역 현재 모습

건물에 남아있는 인천백화점 흔적

그때 인천백화점이 개점했는데 지하 3층 지상 5층 현대식 건물로 인천에서 가장 큰 백화점이었다. 그곳 5층에 아카데미극장이 개관했다.

아카데미극장은 앞쪽으로는 동인천극장, 인형극장, 애관극장, 뒤쪽으로는 오성극장과 미림극장 사이에 있어서 샌드위치 같은 신세였다. 인기 있는 대중영화를 가져오지 못했고 주로 〈붉은 수수밭〉, 〈아이다호〉 같은 예술영화로 틈새를 노렸지만, 그마저도 바로 앞에 있던 동인천극장과 프로그램이 겹칠 때가 많았다. 아카데미극장은 개관한 지 3년만인 1992년에 폐관되었다.

인천백화점은 1997년 외환위기 때 부도를 맞고 엔조이 쇼핑몰로 변경되었다가 2007년에 폐점되었다. 그 후 20년 가까이 흉물로 방치되었고 동인천 몰락의 상징 같은 존재가 되었다.

옛 아카데미극장 위치

31장

인
천
에
도
단
성
사
,
스
카
라
극
장
,
국
도
극
장
,
명
보
극
장
이
있
었
다

서울의 단성사, 스카라극장, 국도극장, 명보극장은 명성 그대로 한국을 대표하는 메이저 극장이었다. 단성사는 1907년에 2층 목조건물로 지어졌다. 1919년 한국인이 제작한 첫 연쇄극 〈의리적 구토〉가 상영되었고 1926년에는 나운규의 영화 〈아리랑〉이 상영된 한국의 대표적인 극장이었다. 하지만 2008년에 경영난으로 부도 처리되어 역사 속으로 사라졌다. 스카라극장은 1935년 약초극장으로 시작하여 1962년 스카라극장이 되었고 극장 건물이 매우 근사했는데 문화재청이 근대문화유산으로 등록할 기미가 보이자 극장주는 서둘러 극장을 허물고 빌딩을 지었다. 국도극장은 1913년에 황금관으로 시작하여 여러 번 극장명이 바뀌었다가 1946년 국도극장이 되었다. 스카라극장 경우와 마찬가지로 근대문화유산 등록을 피해 극장주는 1999년 극장을 철거해버렸고 국도호텔을 지었다. 명보극장은 1957년에 개관했는데 건축가 김중업이 설계했고 관객석이 1층에서 4층까지 독립된 구조로 1,500석 규모를 자랑했다. 2009년부터 현재까지 명보아트홀로 운영 중이다. 그런데 인천에도 단성사, 스카라극장, 국도극장, 명보극장이 있었다는 사실을 알고 계신 분들이 있을까. 비록 삼류 극장이었지만 말이다.

1998년 영화 포스터 게시판, 출처: 내동일번지

1988년 〈영웅호한〉 캘린더, 출처: 이재준 에그머니 디자인 스튜디오

1988년 〈미스터 갱〉 캘린더, 출처: 이재준 에그머니 디자인 스튜디오

단성사(1988~2000년대 초)

단성사는 1988년 남구(현 미추홀구) 주안6동 1000-78에 개관했다.

1988년 주윤발 주연의 〈영웅호한〉이 크리스마스 특별 프로로 단성사와 자유극장에서 동시 개봉했다. 주윤발은 1987년 〈영웅본색〉을 시작으로 한국에서 가장 인기가 높았던 홍콩 배우였다. 당시 많은 남자들이 그를 따라 롱코트를 입고 성냥개비를 입에 물고 다닐 정도였다.

단성사는 중간 사이즈 영화를 틀던 극장이었는데 나중에는 단성사라는 이름이 무색할 정도로 삼류 에로영화를 돌리는 동시상영관으로 전락했고 2000년대 초 폐관되었다.

스카라극장(1986~1994)

스카라극장은 1986년에 남구(현 미추홀구) 숭의동 238에 개관했다. 사장 중 한 명이 이금자였는데 그녀는 특이하게도 스카라극장과 뉴국도극장, 단성사를 동시에 운영했었다. 스카라극장은 1994년에 폐관했다.

국도극장(1986), 뉴국도(1993~2004)

국도극장은 1986년 남구(현 미추홀구) 주안6동 1005-1에 개관했다. 단성사 바로 옆에 있었고 단성사와 같은 동시상영관이었다. 한편은 꼭 에로영화를 틀었다.

20대 초반에 친구들과 함께 국도극장에 갔었는데 왕가위 감독의 〈열혈남아〉를 보고 큰 충격을 받았다. 그때는 왕가위가 누군지도 몰랐고 유덕화, 장만옥은 아직 유명하지 않을 때였다. 〈열혈남아〉는 스텝 프린팅이라는 놀라운 편집기법을 선보였다. 스텝 프린팅은 1초당 24프레임으로 찍힌 필름에서 프레임 수를 16프레임, 8프레임 등으로 줄인 다음, 그 줄인 프레임을 반복적으로 복사해 24프레임으로 늘리는 과정을 통해 만들어진다. 동작이 자연스럽게 연결되는 것이 아니라 같은 동작이 반복됨으로써 툭툭 끊기는 느낌을 일부러 주는 것이다. 그날 우리 친구들은 〈열혈남아〉만 보고 에로영화는 보지 않았다. 그리고 국도극장 근처에서 술을 마시며 집에 갈 때까지 〈열혈남아〉 얘기만 했다.

삼미쇼핑 4층이 옛 단성사 자리

왕가위 감독의 〈열혈남아〉

카트린 브레이야 감독의 〈로망스〉

1996년 극장 전용 게시판, 출처: 김보섭 사진작가

옛 국도극장이 있던 곳

2004년에 제한상영관이 국내에서 처음으로 문을 열었다. 제한상영관이란 성기 노출 등이 심한 일정한 제한이 필요한 영화를 상영하는 영화관을 말한다. 첫 상영작이 카트린 브레이야 감독의 〈로망스〉로 전국 15개 제한상영관에서 상영을 시작했다. 인천에서는 국도극장과 명보극장이 제한상영관이었다. 그 후 제한상영관은 어떻게 됐을까. 처음에는 관객들이 호기심에 찾았는데 상영할 수 있었던 영화가 〈로망스〉를 포함하여 몇 편뿐이었고 포스터 홍보조차 허용되지 않아 금세 사라지고 말았다.

1993년에 뉴국도로 변경했다가 2004년경 폐관했다.

──────── 명보극장(1984~1995)

명보극장은 1984년 주안역 옆 주안1동 130-9 3층에 개관했다. 국도극장과 마찬가지로 제한상영관이었다. 1995년에 폐관했다.

인천의 단성사와 스카라극장, 국도극장, 명보극장은 비록 서울의 메이저 극장과 이름만 같은 짝퉁, 삼류극장이었지만 나뿐만 아니라 누군가에는 자신만의 영화를 발견할 수 있었던 일류극장이었을지도 모른다.

가운데 건물 3층에 명보극장이 있었다.

옛 스카라극장 자리로 추정

옛 단성사, 국도극장, 스카라극장, 명보극장 위치

인하부중에 다닐 때 한 친구가 토지금고에 살았다. 보통 송현동, 신포동 이런 식인데 동네 이름이 '토지금고'인 게 무척 낯설었다. 그리고 '토지'와 '금고'라는 말의 뉘앙스에서 부유한 동네처럼 느껴졌다. 내가 살던 송현동과는 달리 신축된 2층 단독주택들이 정돈되어 늘어섰는데 당시는 부유한 동네가 맞았다. 아버지가 선주였던 친구는 백령도에서 인천으로 유학을 왔는데 누나, 동생과 함께 토지금고에 집을 얻어 살았다. 우르르 몰려가 라면을 끓여 먹고 시끄럽게 놀아도 제재하는 어른이 없어 친구의 집은 우리들의 아지트였다. 몇 년 전 아버지께서 인하대병원에 입원하셨을 때 창밖을 통해 토지금고 일대를 내려다본 적이 있는데 아파트가 군데군데 들어섰지만, 그때와 크게 달라 보이지 않았다.

토지금고의 시작은 염전이었다. 1970년대에 염전 및 갯벌을 메워 시범 주택 단지로 조성한 지역으로 현재 용현5동 일대를 말한다. 토지개발기관의 명칭을 따서 토지금고라 불렀다.

한국 최초의 염전은 1907년 주안에 만들어진 천일염전이다. 바닷물을 가마솥에 끓여 만드는 기존 소금 제조법으로는 소비량을 감당할 수 없어 염전을 만든 것이다. 자연 증발식에 의해 소금을 얻을 수 있는 천일염전은 당시 획기적인 것이었다.

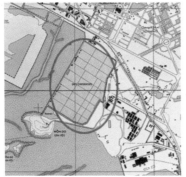

1946년 지도, 염전이었던 토지금고　　　　　낙섬염전, 출처: 1964년 한국대관

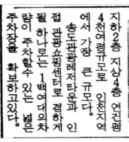

천일염전 자리에 설치된 표지석

지하2층 지상4층 연건평
4천여평규모로 인천지역
에서 가장 큰 규모다. 인
접 송도관광레저타운과
접 관광쇼핑센터로 겸하게
될 하나로는 1백여대의차
량이 주차할수 있는 넓은
주차장을 확보하고있다.

인천의 신시가지인 용현
동에 건립중인 하나로쇼핑
센터가 분양된다. 〈사진〉
주식회사 하나로(대표都
辭泳)가 건립하는 이 쇼
핑센터는 대지 1천여평에

하나로쇼핑 分讓

1983년 11월 28일 「매일경제」

하나로쇼핑센터는 나중에 풍림하나로쇼핑센터로 변경되었다.

생산비를 줄이면서 소금을 대량으로 생산할 수 있었기 때문이었다.

1929년 조선총독부 전매국에서 출자한 조선염업주식회사가 낙섬염전을 설치했다. 그러나 1966년 천일염전이 폐업하면서 낙섬염전도 함께 문을 닫았다. 염전 대신 토지로 활용하는 게 가치가 높았기 때문이었다. 당시 대우실업이 이곳을 인수했고 1976년 대우실업은 이 땅을 토지금고에 팔았다. 토지금고는 택지조성사업에 들어가 택지는 물론 도로, 상하수도, 전기 등 기반 시설을 갖추기 시작했고 모범주택단지를 만들어 분양했다.

하나로쇼핑센터는 1983년 토지금고 한가운데에 건립되었다. 대지 1천여 평에 지하 2층, 지상 4층으로 당시 제법 큰 규모였고 송도관광레저타운과 연계할 목적이었다. 하나로쇼핑센터가 분양될 당시에는 극장이 없었다.

1990년 하나로극장은 이 건물 4층에 개관했다. 160석 규모의 소극장이었다. 나는 이런 극장이 있었는지 전혀 몰랐다. 인천시민 중에서 이 극장을 아는 사람이 적을 것이다. 개관한 지 1년도 못 되어 폐관되었기 때문이다. 인천에서 가장 짧게 존재했던 극장이라서 그런지 극장 포스터 한 장 발견되지 않았다.

옛 하나로극장 위치

33장

맥나인(2004), 프리머스주안(2006), 영화공간주안(2007~현존)

주안역에서 내려 옛 시민회관 방향으로 5분 정도 걷다 보면 영화공간주안, 줄여서 영공주가 보인다. 이름도 예쁜 영공주는 지자체가 설립하고 운영하는 전국 최초의 예술영화관이다. 2007년 개관 이후 현재까지 2,300여 편의 영화를 상영했고 61만 명이 넘는 관객들이 다녀갔다. 영공주는 초기부터 미추홀구 산하 학산문화원에서 운영을 맡았는데 그때 초대 원장이 유제환이었다.

유제환은 주안 최초의 극장이었던 아폴로극장을 인수하여 1975년 그 자리에 중앙극장을 설립했다. 당시 인천 남구의 유일한 개봉관으로 애관극장과 대등할 정도로 관객들이 많았다. 그러나 1999년 가까운 구월동에 CGV인천14가 개관하면서 경영난에 시달리다가 2002년 문을 닫고 말았다.

2년 후인 2004년 유제환 사장은 지금 영공주 자리에 맥나인(MAC9)을 개관했다. 총 9개관, 좌석 수 1,171석 규모로 CGV인천14와 정면승부를 선택한 것이다. 개관하면서 맥나인배 전국 오픈포켓9볼대회를 개최했다. 맥나인과 포켓9볼을 연결한 신선한 마케팅이었다. 우승 상금은 100만 원이었고 예선 탈락자에게는 영화표를 주었다. 맥나인은 당시 부산극장과 함께 THX 사운드 인증을 받은 극장으로 유명하여 멀리서 일부러 찾아오는 열혈 관객들이 많았다. 그러나 CGV인천14의 벽을 넘지

영화공간주안

1979년 중앙극장, 출처: 인천사진대관

영화공간주안

메인프라자 엘리베이터

영화공간주안 상영관

영화공간주안 매표소

맥나인 흔적

김정욱 전 영화공간주안 관장 및 영화감독

영화공간주안 위치

는 못했다. 점차 경영악화로 2006년에 4개관으로 줄여 프리머스주안으로 변경했다가 그마저도 1년이 못 되어 폐관했다.

2007년 인천시 남구청(현 미추홀구청)의 주도로 프리머스주안을 영화공간주안으로 변경했다. 영공주는 주안동 메인프라자 7층에 있는데 엘리베이터 3층 버튼을 보면 '맥나인 고시텔'이 보인다. 사라진 극장은 종종 흔적을 남긴다. 영공주는 제일 큰 4관이 150석으로 아담하지만 맥나인을 모태로 하여 괜찮은 시설을 갖추고 있다. 맥나인 때 의자를 현재 그대로 사용하고 있다.

전 영화공간주안 관장이자 영화감독인 김정욱은 다음과 같이 말했다.

"의자의 맥나인 자수를 없애려고 했는데 자수 흔적을 완전하게 지울 수 없을 뿐더러 그 비용이 만만치 않아 그대로 사용 중이다. 영화공간주안은 전국 최초로 지방자치단체에서 운영하는 예술영화 전용 극장이다. 미추홀구청이 예산지원을 하고 학산문화원이 운영을 맡는다. 설립 전에는 가까운 서울에 예술영화관이 있는데 인천에 왜 이런 극장이 필요하냐며 반대하는 의견도 있었다. 영화공간주안은 삼박자가 맞아서 탄생한 극장이다. 첫 번째로 단체장의 의지가 가장 중요하다. 주안이 어느덧 구도심이 되고 유흥가로 전락하면서 주안을 미디어의 새로운 창구로 만들겠다고 하셨다. 그때 주안영상미디어센터도 같이 시작한 것이다. 그리고 미추홀구 공무원들의 오픈 마인드와 지원이 있었다. 또 하나 구의회 의원들의 예산 동의 등 삼박자가 맞았다. 중간에 단체장이 바뀌기도 했지만 영화공간주안에 대한 지원은 변함이 없었다. 이제 다른 지자체에서 벤치마킹하는 모범 사례가 되었다. 어느 예술극장도 자생은 불가능한 구조다. 그래서 지자체나 기업이나 공사 등 기관에서 지원해주는 것이다. 만약에 예술영화 전용 극장이 자생이 된다면 일반 민간기업에서 이 사업에 뛰어들 것 아닌가."